会计电算化技能实训教程

(畅捷通 T3 10.8 版)

孙莲香　主　编
李天宇　副主编

清华大学出版社
北　京

内 容 简 介

本书以畅捷通 T3 10.8——企业管理信息化软件教育专版为蓝本，以企业典型的会计业务和购销存业务的工作任务为出发点，以任务驱动式教学方式使读者学习财务与业务一体化管理软件的使用方法。

全书共分为 9 个单元(包括 21 个上机实验和 2 个综合实验)，主要内容包括系统管理与基础设置、总账业务、报表管理、薪资管理、固定资产管理、采购与付款业务、销售与收款业务、库存管理和存货业务，注重理论与实践相结合，针对职业教育的特点，突出了以理论教学构筑学生的知识结构、以实践教学构筑学生的职业技能结构的教学原则。

本书可作为职业院校会计专业、会计电算化专业、税务专业、审计专业及相关经济管理专业会计电算化课程的教材，也可供财务管理软件应用人员参考。

本书封面贴有清华大学出版社防伪标签，无标签者不得销售。
版权所有，侵权必究。举报：010-62782989，beiqinquan@tup.tsinghua.edu.cn。

图书在版编目(CIP)数据

会计电算化技能实训教程：畅捷通 T3 10.8 版 / 孙莲香 主编. —北京：清华大学出版社，2017(2023.8重印)
ISBN 978-7-302-45834-0

Ⅰ. ①会… Ⅱ. ①孙… Ⅲ. ①会计电算化—教材 Ⅳ. ①F232

中国版本图书馆 CIP 数据核字(2016)第 288534 号

责任编辑：刘金喜
封面设计：范惠英
版式设计：孔祥峰
责任校对：成凤进
责任印制：丛怀宇

出版发行：清华大学出版社
　　　网　　　址：http://www.tup.com.cn, http://www.wqbook.com
　　　地　　　址：北京清华大学学研大厦 A 座　　邮　编：100084
　　　社 总 机：010-83470000　　　　　　　　　邮　购：010-62786544
　　　投稿与读者服务：010-62776969, c-service@tup.tsinghua.edu.cn
　　　质 量 反 馈：010-62772015, zhiliang@tup.tsinghua.edu.cn
　　　课 件 下 载：http://www.tup.com.cn, 010-62781730
印 装 者：三河市天利华印刷装订有限公司
经　　　销：全国新华书店
开　　　本：185mm×260mm　　　印　张：16　　　字　数：370 千字
　　　　　　(附 DVD 光盘 1 张)
版　　　次：2017 年 1 月第 1 版　　　　　　　　印　次：2023 年 8 月第14次印刷
定　　　价：65.00 元

产品编号：072754-04

前　言

财政部《关于全面推进我国会计信息化工作的指导意见》(财会〔2009〕6号)中指出，"随着社会主义市场经济不断完善和经济全球化，现代信息技术和网络技术的日益普及，会计工作应当按照国家信息化发展战略的要求，全面推进信息化建设。会计工作与信息化建设密切相关、相辅相成、相互促进。通过全面推进会计信息化建设，能够进一步提升会计工作水平，促进经济社会健康发展。"《国家教育事业发展第十二个五年规划》中指出，"人才培养结构调整取得重大进展，应用型、技能型、复合型人才的培养比重明显提高，初步建成与现代产业体系相适应的技术技能人才培养强国。"可见，职业教育中的会计及会计电算化专业应把培养会计的应用型、技能型、复核型人才——会计信息化人才培养作为会计及会计电算化专业的人才培养目标。会计信息化人才的培养已是当务之急。

"普通教育有高考，职业教育有技能大赛"已经成为人们的共识。为了满足会计技能大赛的训练和企业对会计信息化人才的需求，在职业教育的会计及会计电算化等相关专业中应开设"会计电算化"课程。本课程的培养目标是强化会计电算化基础能力、核心专业技术应用能力和一般关键能力，使学生不仅能够掌握财务与业务一体化管理软件的基本操作技能，还能了解会计工作岗位之间的业务衔接关系和内部控制要求，以及会计人员的职业道德规范等内容，从而完成从理论转向实践、从单项技能向综合技能的过渡。为了达到培养适合企业需要的会计电算化专门人才的培养目标，本教材编写人员集中优势资源，以工学结合为切入点，根据课程内容和学生特点，精心打造了这本会计技能立体化实训教材。

本书以企业典型的会计业务和购销存业务的工作任务为出发点，以任务驱动式教学方式轻松地在完成任务的过程中学习财务与业务一体化管理软件的使用方法，系统地学习每一工作任务所涉及的知识要点，而为了巩固对所学知识的掌握程度还要进行相应的上机实验。最后，为了检验学生的学习状况，在学习完财务管理软件的总账及报表的基本内容之后便可以进行"综合实验一"的训练。"综合实验一"也可以作为第一个学习阶段的测试用题。在学习完购销存系统之后，还可以对企业的综合案例进行财务与业务的一体化案例实施(综合实验二)，这样安排不但丰富了学生的知识还增强了学生的应用能力和自信心。

本教材针对畅捷通 T3 10.8——企业管理信息化软件教育专版中财务和购销存业务的基本知识和操作方法进行训练，使学习者系统学习总账、报表、薪资、固定资产管理、购销存业务处理的基本工作原理，以及会计核算与管理的全部工作过程。

全书共分为9个单元(包括21个上机实验和2个综合实验)，主要内容包括系统管理与基础设置、总账业务、报表管理、薪资管理、固定资产管理、采购与付款业务、销售与收款业务、库存管理和存货业务，以及每一单元附加的上机实验、综合实验一和综合实验二。每一单元都是先讲解基本原理，接着是总的任务导入，然后将总的任务分解为若干个具体的任务，以任务驱动方式进行"做中学""学中做"，在完成任务的过程中还会及时地列出相应的知识要点，以拓展学习内容并加深学习者的印象。由此我们可以看出，此教材注重理论与实践相结合，针对职业教育中学生的认知特点，由浅入深、循序渐进，使学生不仅能够完成基本任务，还可以有更多的拓展空间；有效地激发学生学习的主动性和积极性，培养学生的学习能力；充分满足会计电算化专门人才培养的需要，突出了理论教学构筑学生的知识结构，实践教学构筑学生的职业技能结构的教学原则。

为了满足学习者针对不同内容进行训练的需要，我们对教材中的 21 个上机实验和 2 个综合实验都备份了实验前的准备账套和实验后的结果账套数据，可以使学习者任意选取所要完成的教学任务，而不会因为数据准备不充分而无法随机地选取学习内容。同时，为了满足教师教学的需要，我们为教师提供了从教学计划、教学大纲到电子教案的一系列教学资料。努力做到想教师及学生之所想，急教师及学生之所急。

本书以面向职业院校会计专业、会计电算化专业、税务专业、审计专业及相关经济管理专业的会计电算化课程教学为目的，适用于欲掌握财务管理软件应用的人员使用。采用案例教学、实践教学的任务驱动式的教学方式，有针对性地学习完整的实现会计核算和会计管理的应用方案。本书内容安排合理、文字简明、面向应用、突出操作技能的训练，能够适应企业管理现代化对会计人员综合素质的要求。

参加本书编写的人员都是担任会计电算化教学工作多年的教师，本书是我们多年教学经验的总结。我们衷心希望本书能为促进我国会计电算化的发展尽一点微薄的力量。编写本书的人员有孙莲香、李天宇、康晓林、杨石磊、郭莹、周海彬、陈江北、吉曙光、张家郡、赵笛、刘金秋、王皎、王亚丽、鲍东梅、刘兆军、曾红卫、江争鸣、梁润平、张辰和胡晓珊参与了后期测试。本书由孙莲香主编并负责设计全书的总体结构。本书是在畅捷通信息技术股份有限公司的大力支持下编写完成的，在此深表谢意。

限于作者的水平，书中难免存在缺点和不妥之处，我们诚挚地希望读者对本书的不足之处给予批评指正。

本书教学课件下载地址：http://www.tupwk.com.cn/downpage。服务邮箱：wkservice@vip.163.com。

编　者

2016 年 6 月

教 学 提 示

(1) 本教材主要针对企业的财务业务和购销存业务进行实训，因此，在学习中要对企业的会计核算、会计管理及业务处理的流程有所了解，以便对所学内容有更深入的认识。

(2) 每一教学单元中尽管介绍了该单元的基本理论和基本原理，但是，企业的业务是千变万化的，财务管理软件的功能和产品组合方式也是多种多样的，因此，在学习了基本理论和基本原理的同时还要结合企业的实际情况和软件的功能进行进一步的学习和认识，否则，仍不能胜任企业的工作。

(3) 教材中的账套备份分别包括例题账套"111 账套备份"和上机实验的账套备份"333 账套备份"。在学习时可以随时恢复光盘中相应的已完成上一步实验的账套来进行下一步实验的操作。如果学习者是连续完成每一个实验，则不必恢复机内的账套再完成某个实验了。而在进行业务处理的过程中，如果想查询结果的正确性，则可以恢复相应的账套进行数据的核对。

(4) 为了能够让学习者对企业的会计核算和业务处理有一个全面的认识，并感受其连续性，我们设计了综合实验一，其设计目的是为了学习者在完成了教材中的系统管理和基础设置、总账业务和报表管理后用以检验自己前面所学习的内容。综合实验二则是对财务与业务一体化能力的一个综合检验，既包括本教材中所讲解和训练的业务处理的内容，又包括企业日常业务处理及报表的编制，用以检验学习者的综合业务处理能力。

(5) 教材中所附的光盘不仅包括每一个实验的账套备份，还包括"畅捷通 T3 10.8——企业管理信息化软件教育专版"，学习者可以将此软件在自己的计算机中按照光盘中的安装说明进行安装和使用。

目　　录

第 1 单元　系统管理与基础设置 ·· 1
1.1　操作员管理 ·· 1
1.2　账套管理 ·· 5
1.3　设置操作员权限 ·· 17
1.4　设置基础档案 ·· 20
实验一　系统管理 ·· 35
实验二　基础设置 ·· 36

第 2 单元　总账业务 ·· 39
2.1　总账系统初始化 ·· 39
2.2　填制凭证 ·· 44
2.3　出纳业务 ·· 53
2.4　审核凭证并记账 ·· 62
2.5　期末业务 ·· 66
实验三　总账系统初始化 ·· 76
实验四　总账系统日常业务处理 ·· 78
实验五　出纳管理 ·· 79
实验六　总账期末业务处理 ·· 80
实验七　账簿管理 ·· 80

第 3 单元　报表管理 ·· 83
3.1　报表管理系统初始化 ·· 83
3.2　报表模板 ·· 94
实验八　报表格式设计 ·· 97
实验九　报表数据处理 ·· 99
实验十　利用报表模板生成报表 ·· 99
综合实验一 ·· 100
一、初始资料设置 ·· 100
二、日常业务 ·· 106
三、期末业务处理 ·· 108

第4单元　薪资管理 ... 109
4.1　工资管理系统初始化 ... 109
4.2　日常业务处理 ... 120
4.3　月末业务处理 ... 126
实验十一　工资系统初始化 ... 133
实验十二　工资业务处理 ... 136

第5单元　固定资产管理 ... 139
5.1　固定资产管理系统初始化 ... 139
5.2　日常业务处理 ... 151
5.3　月末业务处理 ... 156
实验十三　固定资产系统初始化 ... 163
实验十四　固定资产业务处理 ... 165
实验十五　固定资产期末处理 ... 166

第6单元　采购与付款管理 ... 167
6.1　初始化 ... 167
6.2　采购业务 ... 170
6.3　付款业务 ... 180
实验十六　采购业务一 ... 189
实验十七　采购业务二 ... 190

第7单元　销售与收款管理 ... 191
7.1　初始化 ... 191
7.2　销售业务 ... 194
7.3　收款业务 ... 201
实验十八　销售业务一 ... 204
实验十九　销售业务二 ... 204

第8单元　库存管理 ... 207
8.1　初始化 ... 207
8.2　库存业务 ... 210
实验二十　库存业务 ... 215

第9单元　存货业务 ... 217
9.1　初始化 ... 217
9.2　存货核算 ... 219
实验二十一　存货核算 ... 238
综合实验二 ... 239

一、企业基本信息 ……………………………………………………………… 239

二、2016 年 1 月发生的经济业务 ……………………………………………… 242

参考文献 ………………………………………………………………………… 245

第 1 单元

系统管理与基础设置

【学习目标】

知识目标

掌握设置操作员及其权限的作用和方法、建立账套的方法和知识要点；掌握系统启用的方法；掌握设置各种基础档案的作用和方法、设置会计科目、凭证类别及结算方式的方法；熟悉账套备份和恢复的方法。

能力目标

能够根据企业的实际情况设置操作员及其权限，为企业会计核算及其管理设置账套并进行账套的管理；进行适合企业需要的各种基础档案的设置，并根据企业的实际需要进行会计科目的设置等。

畅捷通 T3 版财务管理系统由多个子系统组成，各子系统都是为同一个主体的不同方面服务的。各子系统之间既相对独立，又相互联系，协同运作，共同完成一体化的会计核算与管理工作。为了实现一体化的管理应用模式，要求各子系统共享公用的基础信息，拥有相同的账套和年度账；并要求对操作员及其权限进行集中管理，所有的数据共用一个数据库。因此，为了完成全面的系统服务，系统中设立了系统管理功能，为各子系统提供统一的环境，对财务管理软件所属的各个系统进行统一的操作管理和数据维护，最终实现财务和业务的一体化管理。

系统管理的主要功能是对畅捷通 T3 版财务管理软件的各个子系统，进行统一的操作管理和数据维护。系统管理的内容主要包括对操作员及其权限的管理和对账套的管理。

1.1 操作员管理

操作员管理的主要内容包括设置和修改操作员信息，以便企业的有关财务人员登录系统并进行软件的各项操作。

【任务导入】

宏信公司 2016 年 1 月购买了畅捷通 T3 版财务管理软件，已经安装在了计算机当中，现在想马上开始使用软件。那么哪些人员可以操作这个软件呢？这就需要对操作员进行管理了。宏信公司财务部共有 3 人，分别是会计主管杨帆、会计于静和出纳赵强，我们要把财务部的这 3 位员工的信息设置在软件中，使他们能够对软件进行操作。

【做中学】

任务 1：启动系统管理。

以系统管理员"admin"的身份启动系统管理。

【业务处理过程】

(1) 单击【开始】|【程序】|【畅捷通 T3 系列管理软件】|【畅捷通 T3】|【系统管理】(或者直接双击桌面上的系统管理图标)，打开"系统管理"窗口，如图 1-1 所示。

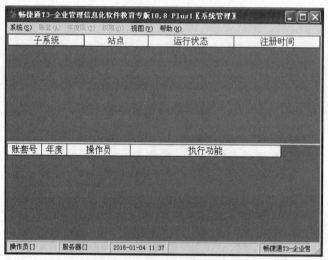

图 1-1 "系统管理"窗口

(2) 在"系统管理"窗口中，单击【系统】|【注册】，打开系统管理员登录对话框。在"用户名"文本框中录入"admin"，如图 1-2 所示。

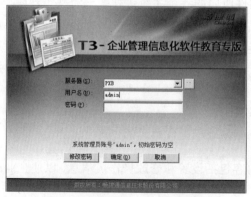

图 1-2 系统管理员登录对话框

(3) 单击【确定】按钮(即不修改系统管理员的口令，默认口令为空)，进入"畅捷通 T3——企业管理信息化软件教育专版〖系统管理〗"窗口(以下简称为"系统管理"窗口)。

【知识要点】
- 启动系统管理的操作包括启动系统管理模块并进行注册，即登录进入系统管理模块。在系统管理中可以进行设置操作员、建立账套和设置操作员权限等操作。
- 系统允许用户以系统管理员"admin"的身份，或账套主管的身份注册进入系统管理。
- 系统管理员负责整个系统的总体控制和维护工作，可以管理该系统中所有的账套。以系统管理员身份注册进入，可以进行账套的建立、恢复和备份，设置操作员、指定账套主管，并可以设置和修改操作员的密码及其权限等。
- 账套主管负责所选账套的维护工作。主要包括对所选账套进行修改、功能模块启用及对年度账的管理(包括建立、清空、恢复、备份以及各子系统的年末结转和所选账套的数据备份等)，以及该账套操作员权限的设置。
- 由于第一次运行该软件时还没有建立核算单位的账套，因此，在建立账套前应由系统默认的管理员"admin"登录。
- 系统管理员"admin"没有密码，即密码为空。在实际工作中，为了保证系统的安全，必须为系统管理员设置密码。在教学过程中，由于一台计算机需供多个学员使用，为了使用方便则建议不为系统管理员设置密码。

【做中学】
任务 2：增加操作员。
增加如表 1-1 所示的操作员。

表 1-1 增加操作员

操作员编号	操作员姓名	操作员口令
YF	杨帆	000000
YJ	于静	000000
ZQ	赵强	000000

【业务处理过程】
(1) 以系统管理员"admin"的身份在"系统管理"窗口中，单击【权限】|【操作员】，打开"操作员管理"对话框，如图 1-3 所示。

(2) 单击【增加】按钮，打开"增加操作员"对话框，输入编号"YF"、姓名"杨帆"、口令"000000"和确认口令"000000"，如图 1-4 所示。

(3) 单击【增加】按钮，确认。

(4) 继续增加操作员于静和赵强。

图1-3 "操作员管理"对话框

图1-4 "增加操作员"对话框

(5) 单击【退出】按钮,系统显示操作员名单,如图1-5所示。

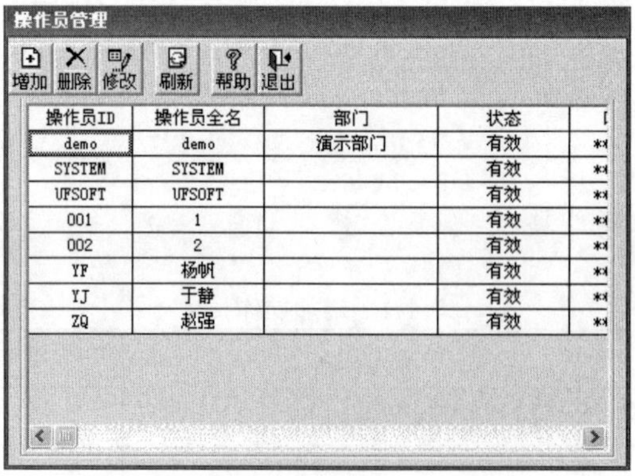

图1-5 "操作员管理"对话框

【知识要点】
- 只有系统管理员(admin)有权设置操作员。
- 系统预置了5位操作员,分别是demo、SYSTEM、UFSOFT、001和002,这5位操作员的初始口令与各自的名称一样,并且字母不区分大小写,如demo的口令就是demo。
- 操作员编号在系统中必须是唯一的。
- 所设置的操作员一旦被使用,就不能删除。

- 在实际工作中可以根据需要随时增加操作员。
- 为保证系统安全、分清责任，应设置操作员口令。

【做中学】

任务 3：修改操作员信息。

将"YJ"的姓名"于静"修改为"于靖"。

【业务处理过程】

(1) 以系统管理员"admin"的身份注册进入"系统管理"窗口。

(2) 单击【权限】|【操作员】，打开"操作员管理"对话框。

(3) 在"操作员管理"对话框中单击选中要修改的操作员"于静"所在行，再单击【修改】按钮，打开"修改操作员信息"对话框。

(4) 将姓名"于静"修改为"于靖"，如图 1-6 所示。

图 1-6　修改操作员姓名

(5) 单击【修改】按钮，系统自动保存并显示修改后的操作员信息。

【知识要点】

- 在系统中所设置的操作员在未被使用前，可以进行修改，但是操作员信息一旦保存，则编号不能修改。
- 只有系统管理员有权修改操作员信息。
- 在操作员的信息中，操作员编号不能修改，操作员的姓名、口令及所属部门可以修改。
- 操作员的口令除了可以由系统管理员以修改操作员信息的方式进行修改外，还可以在操作员登录系统时由操作员本人进行修改。

1.2　账套管理

账套管理的工作主要包括建立账套、修改账套、删除账套、恢复账套和系统启用等。

【任务导入】

宏信股份有限公司已创立 2 年，它是税务部门核定的一般纳税人。该公司从 2016 年

1月开始使用畅捷通 T3 管理软件，现在需要在系统中建账以便把手工业务数据移植到计算机当中，开始在计算机中处理企业的会计业务。

【做中学】

任务1：建立账套。

创建111账套，单位名称为"宏信科技股份有限公司(简称"宏信公司")"，启用会计期为"2016年1月"。该企业的记账本位币为"人民币(RMB)"，企业类型为"工业"，执行"2007年新会计准则"，账套主管为"杨帆"。按行业性质预置会计科目。该企业不要求进行外币核算，对经济业务处理时，需对客户进行分类。需设置的分类编码分别为：科目编码级次"4222"，客户分类编码级次"122"。创建账套后暂时不启用任何子系统。

【业务处理过程】

(1) 在"系统管理"窗口中，单击【账套】|【建立】，打开"创建账套——账套信息"对话框。

(2) 输入账套信息。账套号"111"，账套名称"宏信公司"，启用会计期"2016年1月"，如图1-7所示。

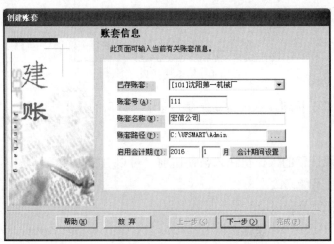

图1-7 "创建账套——账套信息"对话框

【知识要点】

- 新建账套号不能与已存账套号重复。
- 账套名称可以是核算单位的简称，它将随时显示在正在操作的财务管理软件的界面上。
- 账套路径为存储账套数据的路径，可以修改。
- 启用会计期为启用财务管理软件处理会计业务的日期。
- 启用会计期不能在计算机系统日期之后。

(3) 在"创建账套——账套信息"对话框中，单击【下一步】按钮，打开"创建账套——单位信息"对话框。

(4) 输入单位信息。单位名称"宏信科技股份有限公司",单位简称"宏信公司",如图 1-8 所示。

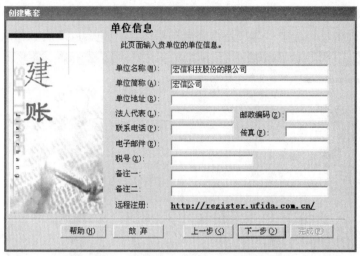

图 1-8 "创建账套——单位信息"对话框

(5) 在"创建账套——单位信息"对话框中,单击【下一步】按钮,打开"创建账套——核算类型"对话框。

(6) 单击"行业性质"栏下三角按钮选择"2007 年新会计准则",单击"账套主管"栏下三角按钮选择"杨帆",如图 1-9 所示。

图 1-9 "创建账套——核算类型"对话框

【知识要点】

- 行业性质的选择决定着系统采用何种会计制度下的会计科目进行会计核算。
- 账套主管可以在此确定,也可以在操作员权限设置功能中进行修改。

- 系统默认按所选行业性质预置会计科目。如果单击"按行业性质预置科目"复选框(即取消√),则不按行业预置会计科目。

(7) 在"创建账套——核算类型"对话框中,单击【下一步】按钮,打开"创建账套——基础信息"对话框。

(8) 设置基础信息。选中"客户是否分类"复选框,如图1-10所示。

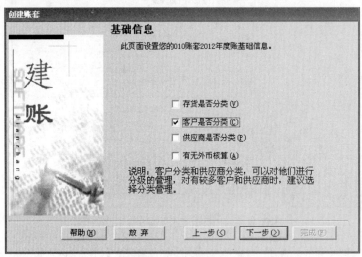

图1-10 "创建账套——基础信息"对话框

(9) 单击【下一步】按钮,打开"创建账套——业务流程"对话框。

(10) 单击【完成】按钮,系统弹出"创建账套"提示框,如图1-11所示。

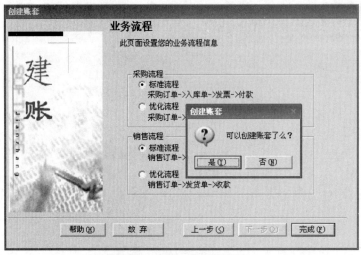

图1-11 确定已创建的账套

(11) 单击【是】按钮,打开"分类编码方案"对话框。设置科目编码级次为"4222",客户分类编码级次为"122",如图1-12所示。

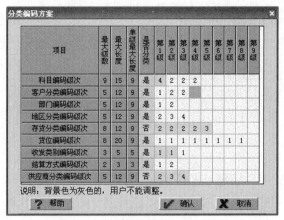

图 1-12 "分类编码方案"对话框

【知识要点】

- 为了便于对经济业务数据进行分级核算、统计和管理,软件将对会计科目、企业的部门等进行编码设置。编码方案是指设置编码的级次方案,这里采用群码方案,这是一种分段组合编码,每一段有固定的位数。编码规则是指分类编码共分几段,每段有几位。一级至最底层的段数称为级次,每级(或每段)的编码位数称为级长。编码总级长为每级编码级长之和。
- 除科目编码级次的第 1 级外,其他均可以直接根据需要进行修改。
- 由于系统按照账套所选行业会计制度预置了一级会计科目,因此,第 1 级科目编码级次不能修改。
- 在系统未使用前,如果分类编码方案设置有误,可以在系统中的"基础设置"中进行修改。

(12) 单击【确认】按钮,打开"数据精度定义"对话框,如图 1-13 所示。

图 1-13 "数据精度定义"对话框

(13) 单击【确认】按钮,系统提示"创建账套{宏信公司:[111]}成功。",如图 1-14 所示。

(14) 单击【确定】按钮,系统提示"是否立即启用账套",如图 1-15 所示。

(15) 单击【否】按钮,暂时先不启用任何系统。

图 1-14　创建账套成功的提示　　　　图 1-15　是否启用账套的提示

【知识要点】

- 账套是指一组相互关联的账务数据。一般来说，可以为企业中每一个独立核算的单位建立一个账套，系统最多可以建立 999 个账套。其中"999"账套是系统预置的演示账套。在账套管理功能中可以完成建立账套、修改账套、备份账套及删除账套的操作。
- 建立账套，即采用财务管理软件为本企业建立一套账簿文件。在建立账套时可以根据企业的具体情况进行账套参数设置，主要包括核算单位名称、所属行业、启用时间以及编码规则等基础参数。账套参数决定了系统的数据输入、处理及输出的内容和形式。
- 此时可以直接进行系统启用的操作，否则，只能以账套主管的身份注册系统管理后，再进行相应系统启用的操作。

【做中学】

任务 2：修改账套。

以 111 账套主管"YF 杨帆"（密码：000000）的身份，将 111 账套设置为不对"客户"进行分类，而对"供应商"进行分类并且"有外币核算"的账套。供应商分类编码为"122"。

【业务处理过程】

(1) 在"系统管理"窗口中，单击【系统】|【注册】，打开"注册〖控制台〗"对话框。

(2) 在"用户名"栏录入"YF"，输入密码"000000"，单击"账套"栏下三角按钮，选择"[111]宏信公司"，如图 1-16 所示。

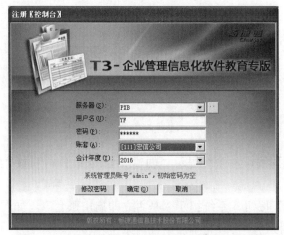

图 1-16　账套主管登录"注册〖控制台〗"对话框

(3) 单击【确定】按钮。

【知识要点】
- 若当前操作员不是要修改账套的主管，则应在"系统管理"窗口中，注销当前操作员后再以账套主管的身份注册系统管理。
- 注册系统的操作员可以在输入正确的密码后，单击【修改密码】按钮，修改自己的密码。

(4) 单击【账套】|【修改】，打开"修改账套——账套信息"对话框，如图1-17所示。

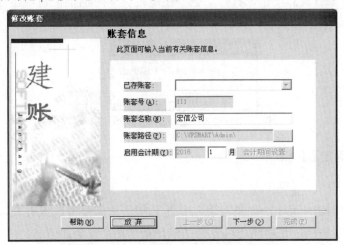

图1-17 "修改账套——账套信息"对话框

(5) 单击【下一步】按钮，打开"单位信息"对话框；再单击【下一步】按钮，打开"核算类型"对话框；再单击【下一步】按钮，打开"修改账套——基础信息"对话框。

(6) 单击"客户是否分类"复选框，取消对客户分类的设置。

(7) 单击选中"供应商是否分类"和"有无外币核算"复选框，如图1-18所示。

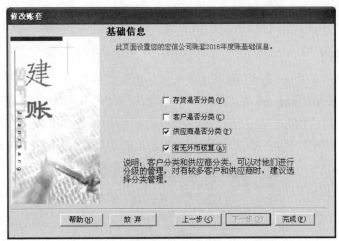

图1-18 "修改账套——基础信息"对话框

(8) 单击【完成】按钮，系统提示"确认修改账套了么？"，如图 1-19 所示。

图 1-19　确认修改账套信息

(9) 单击【是】按钮，打开"分类编码方案"对话框，修改"供应商"的编码方案为"122"。再单击【确认】按钮，打开"数据精度定义"对话框，再单击【确认】按钮，系统提示"修改账套{宏信公司：[111]}成功。"，如图 1-20 所示。

图 1-20　修改账套成功的提示信息

(10) 单击【确定】按钮。

【知识要点】
- 经过一段时间的运行，如果发现账套的某些信息需要修改或补充，可以通过修改账套功能来完成。此功能还可以帮助用户查看某个账套的信息。
- 系统要求，只有账套主管才有权使用账套修改功能。如果要修改某一账套的信息，首先应在启动系统管理后，以账套主管的身份，选择要修改的账套，登录注册系统管理。

【做中学】
任务 3：备份账套。
将 111 账套备份至 "d:\111 账套备份\(1)建立账套备份" 文件夹中。

【业务处理过程】
(1) 在 D 盘中建立 "111 账套备份\建立账套备份" 文件夹。
(2) 以系统管理员 "admin" 的身份进入 "系统管理" 窗口，单击【账套】|【备份】，打开 "账套输出" 对话框。
(3) 选择 "账套号" 下拉列表框中的 "[111]宏信公司"，如图 1-21 所示。

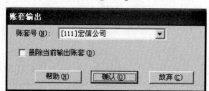

图 1-21　"账套输出" 对话框

(4) 单击【确认】按钮。

(5) 经过压缩进程，系统进入"选择备份目标："对话框，选择"d:\111 账套备份\(1) 建立账套备份"，如图 1-22 所示。

图 1-22　"选择备份目标："对话框

(6) 单击【确认】按钮，系统弹出"硬盘备份完毕！"提示对话框，如图 1-23 所示。

图 1-23　确定硬盘备份完毕

(7) 单击【确定】按钮，系统提示"备份/恢复数据时，建议您使用用友安全通进行杀毒"，如图 1-24 所示。

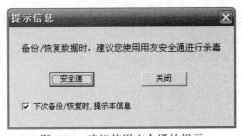

图 1-24　建议使用安全通的提示

(8) 单击【关闭】按钮。

【知识要点】

- 由于计算机在运行时经常会受到来自各方面因素的干扰，如人的因素、硬件的因素、软件或计算机病毒等因素，有时还会造成会计数据被破坏。因此"系统管理"窗口中提供了账套"备份"和账套"恢复"的功能。
- 账套备份，即会计数据备份，它是将财务管理软件所产生的数据备份到硬盘、软盘或光盘中保存起来。其目的是长期保存，防备意外事故造成的硬盘数据丢失、非法篡改和破坏；能够利用所备份的数据，使系统数据得到尽快恢复以保证业务正常进行。

- 账套的"备份"功能除了可以完成账套的备份操作外，还可以完成删除账套的操作。如果系统内的账套已经不需再继续保存，则可以使用账套的"备份"功能进行账套删除。
- 只有系统管理员才有权限备份账套。
- 在删除账套时，必须关闭所有系统模块。
- 建议在每次备份时都新建一个文件夹，并注明该备份文件的内容。
- 在企业中应该在每个月末的结账时进行账套备份。学生在学习的过程中可以将阶段性的操作结果进行备份，以便在计算机出现故障时或更换计算机进行操作时，及时地恢复备份数据继续进行操作。

【做中学】
任务 4：恢复账套。
将已备份到 d 盘的"111 账套备份\(1)建立账套备份"文件夹中的数据恢复到系统中。

【业务处理过程】
(1) 以系统管理员"admin"身份进入"系统管理"窗口，单击【账套】|【恢复】，出现建议使用安全通的提示。
(2) 单击【关闭】按钮，打开"恢复账套数据"对话框。
(3) 选择"d:\111 账套备份\(1)建立账套备份"文件夹中的数据文件"UF2KAct.Lst"，如图 1-25 所示。

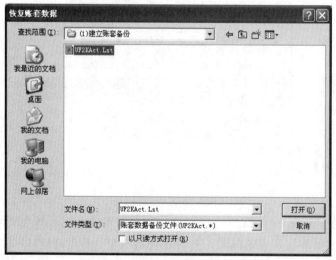

图 1-25 "恢复账套数据"对话框

(4) 单击【打开】按钮，系统弹出是否覆盖当前账套的提示对话框，如图 1-26 所示。
(5) 单击【是】按钮确定，系统弹出"账套[111]恢复成功！"提示对话框，如图 1-27 所示。

   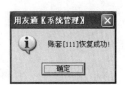

　　图 1-26　恢复数据时系统提示　　　　　图 1-27　账套恢复成功

(6) 单击【确定】按钮。

【知识要点】
- 恢复账套(即会计数据引入)是指把软盘或光盘等存储介质中的备份数据恢复到系统软件中,即利用现有数据进行恢复。恢复账套(或数据引入)的目的是,当硬盘数据被破坏时,将最新备份数据恢复到硬盘中。系统还允许将系统外某账套数据引入本系统中,从而有利于集团公司的操作。例如子公司的账套数据可以定期被引入母公司系统中,以便进行有关账套数据的分析和合并工作。
- 备份的账套数据不能直接运行,只有在系统管理中进行恢复(引入)后才能运行。
- 恢复备份数据会将硬盘中现有的数据覆盖,因此如果没有发现数据被破坏,则不要轻易进行数据恢复。

【做中学】
任务 5: 启用系统。
2016 年 1 月 6 日,由 111 账套的账套主管杨帆(即 YF,密码为 000000)注册进入系统管理,启用"总账""工资管理"和"固定资产"系统,启用日期均为 2016 年 1 月 1 日。

【业务处理过程】
(1) 单击【开始】|【程序】|【畅捷通 T3 系列管理软件】|【畅捷通 T3】|【系统管理】,进入"系统管理"窗口。

(2) 单击【系统】|【注册】,打开"注册〖控制台〗"对话框。

(3) 在"用户名"栏录入 111 账套主管"YF",在"密码"栏录入"000000",选择账套"[111]宏信公司"。

(4) 单击【确定】按钮。

(5) 在"畅捷通 T3——企业管理信息化软件教育专版〖系统管理〗"窗口中,单击【账套】|【启用】,如图 1-28 所示。

(6) 单击【账套】|【启用】后,打开"系统启用"对话框。单击"总账"复选框,弹出"日历"对话框,从中选中"2016 年 1 月 1 日",如图 1-29 所示。

(7) 单击【确定】按钮,系统弹出"提示信息"对话框,如图 1-30 所示。

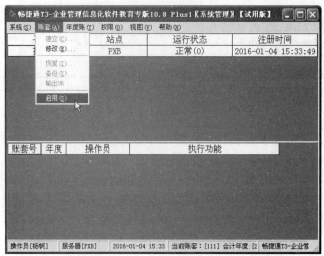

图 1-28 "系统管理"对话框

图 1-29 选择总账系统的启用日期

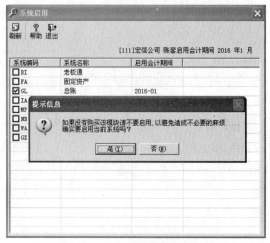

图 1-30 启用总账系统时的提示

(8) 单击【是】按钮，完成总账系统的启用设置。
(9) 单击【退出】按钮。

【知识要点】
- 系统启用是指设定在畅捷通 T3 应用系统中的各个子系统开始使用的日期，只有启用后的子系统才能进行登录。
- 系统启用有两种方法。一是在系统管理中创建账套时启用系统，即当用户创建一个新的账套完成后，系统弹出提示信息对话框，系统管理员 Admin 可以选择立即进行系统启用设置；二是在账套建立完成后，由账套主管登录到系统管理中，在"【账套】|【启用】"功能中进行系统启用的设置。由于 111 账套在建立账套后并未进行系统启用的设置，因此，只能由 111 账套的主管在系统管理的账套启用功能中进行 111 账套的系统启用的设置。

1.3 设置操作员权限

设置操作员权限的工作主要是指为非账套主管的操作员，设置操作权限或修改操作权限。

【任务导入】
为了完成企业的会计核算与财务管理的工作，以及加强内部控制，在设置了操作员并建立了账套后就要对操作员进行权限分工设置，以确保在宏信公司中，有专人对畅捷通 T3 管理软件的不同功能模块进行操作。那么应该如何进行操作员的权限设置呢？

【做中学】
任务 1：增加操作员权限。
增加操作员"YJ 于靖"拥有 111 账套"公用目录设置""固定资产""总账"和"工资管理"的操作权限；"ZQ 赵强"拥有 111 账套"总账"和"现金管理"的操作权限。

【业务处理过程】
(1) 以系统管理员"admin"身份登录进入"系统管理"窗口，单击【权限】|【权限】，打开"操作员权限"对话框。
(2) 单击选中操作员显示区中的"YJ 于靖"所在行，单击对话框右上角的"账套主管"栏右侧下三角按钮，选择"[111]宏信公司"及"2016"选项，如图 1-31 所示。
(3) 单击【增加】按钮，打开"增加权限——[YJ]"对话框。
(4) 双击"产品分类选择"框中的"公用目录设置"选项，系统在"明细权限选择"框中显示已增加的权限，如图 1-32 所示。

图 1-31 设置操作员权限

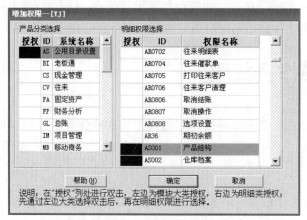

图 1-32 "增加权限"对话框

(5) 再分别双击"产品分类选择"框中的"固定资产""总账"和"工资管理"选项，系统会在"明细权限选择"框中分别显示已增加的权限。

(6) 单击【确定】按钮。

(7) 按照上述方法继续增加出纳"赵强"的操作权限。

【知识要点】

- 为了保证权责清晰和企业经营数据的安全与保密，企业需要对系统中所有的操作人员进行分工，设置各自相应的操作权限。财务分工在财务管理软件中主要体现在两个功能中，即系统管理中的操作员权限设置(功能权限设置)和总账模块中的明细权限设置。
- 操作员权限设置功能用于对已设置的操作员进行赋权，只有系统管理员和该账套的主管有权进行权限设置，但两者的权限又有所区别。系统管理员可以指定某账套的账套主管，还可以对各个账套的操作员进行权限设置；而账套主管只可以对所管辖账套的操作员进行权限指定。
- 明细权限设置功能用于对总账模块中各操作员的凭证审核、科目制单及明细账查询打印权限进行设定。

- 由于操作员权限是指某一操作员拥有某一账套的某些功能的操作权限，因此，在设置操作员和建立该核算账套之后，可以在操作员权限设置功能中进行操作员权限的设置。

【做中学】
任务2：修改操作员权限。
取消操作员"YJ 于靖"在111账套中"GL010303 上年结转"的权限。

【业务处理过程】
(1) 在"系统管理"窗口中，单击【权限】|【权限】，打开"操作员权限"对话框。
(2) 单击对话框右上角的下拉按钮，选择"[111]宏信公司"和"2016"选项。
(3) 单击选中操作员区中的"YJ 于靖"所在行，在权限显示区中单击选中要被删除的"GL010303 上年结转"权限，如图1-33所示。

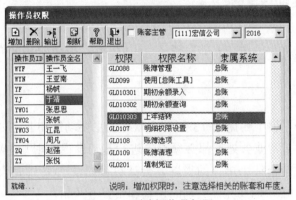

图 1-33 删除操作员权限

(4) 单击【删除】按钮，系统弹出"删除权限：[上年结转]吗？"的提示信息，如图1-34所示。

图 1-34 确认删除权限

(5) 单击【是】按钮，确认删除操作员于靖111账套的"上年结转"权限。

【知识要点】
- 修改操作员的权限包括设定或取消账套主管，及修改某一位操作员的某一个功能模块的所有权限及部分权限。
- 账套主管的设立首先在建立账套时指定，修改时则由系统管理员进行账套主管的设定与删除的操作。首先在"操作员权限"对话框左边窗口中选择欲设定或删除账套主管资格的操作员,然后在对话框右上角选择账套,最后选中旁边的"账套主管"复选框。
- 在实际工作中一个账套可以定义多个账套主管,一位操作员也可以担任多个账套的账套主管。在设置操作员权限时,只需对非账套主管的操作员设置相应的操作权限,而系统默认账套主管自动拥有该账套的所有权限。
- 系统管理员或账套主管可以对非账套主管的操作员已拥有的权限进行删除。
- 系统约定,操作员权限一旦被引用,便不能被修改或删除。
- 如果要删除某一操作员在某一账套中的多个操作权限,可以在选中第一个要删除的权限后,按住 Shift 键,同时移动鼠标,便可选定一批权限,然后单击【删除】按钮,执行批量删除的功能。

1.4 设置基础档案

基础档案的设置主要包括设置部门档案、职员档案、往来单位分类及档案、凭证类别和结算方式等。

【任务导入】

宏信公司在充分了解了畅捷通 T3 版管理软件的主要功能和业务处理流程之后,发现要想进行任何系统的日常业务处理都必须首先进行基础设置。问题是应该如何完成部门和职员档案的设置、供应商往来单位的设置、会计科目的设置(特别是会计科目中的辅助核算内容到底有什么作用),以及凭证类别的设置和结算方式呢?

【做中学】

任务 1:启动并注册系统。

以操作员 YF(杨帆、密码为"000000")的身份在 2016 年 1 月 11 日登录注册畅捷通 T3 系统中的 111 账套。

【业务处理过程】

(1) 单击【开始】|【程序】|【畅捷通 T3 系列管理软件】|【畅捷通 T3】|【畅捷通 T3——企业管理信息化软件教育专版】或者直接双击桌面上"畅捷通 T3——企业管理信息化软件教育专版"图标,打开"注册〖控制台〗"对话框。

(2) 在"用户名"栏录入"YF",在"密码"栏录入"000000",选择"账套"右侧下拉列表框中的"[111]宏信公司",在"会计年度"右侧下拉列表框中选择"2016",在"操作日期"栏中录入"2016-01-11",如图 1-35 所示。

(3) 单击【确定】按钮,打开"期初档案录入"窗口,如图 1-36 所示。

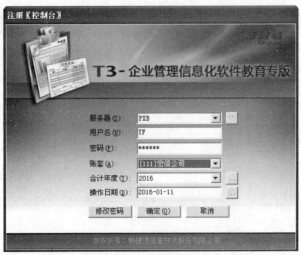

图 1-35 录入注册信息

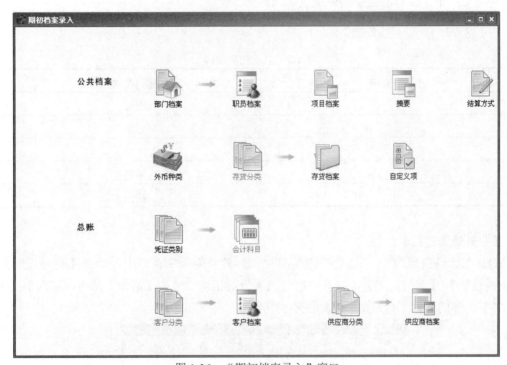

图 1-36 "期初档案录入"窗口

(4) 单击 ⊠ 按钮,打开"畅捷通 T3——企业管理信息化软件教育专版"窗口,如图 1-37 所示。

【知识要点】
- 在启动系统前应先在系统管理中设置相应的账套。
- 如果要启动总账系统等,则应先在系统管理中启用总账系统等要启动的系统。

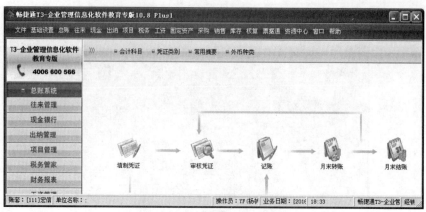

图 1-37　总账系统操作流程图

【做中学】

任务 2：由 111 账套主管杨帆设置部门档案。

部门档案资料如表 1-2 所示。

表 1-2　部门档案资料

部 门 编 码	部 门 名 称
1	行政部
2	财务部
3	业务部
301	采购部
302	销售部

【业务处理过程】

(1) 在"畅捷通 T3——企业管理信息化软件教育专版"窗口中，单击【基础设置】|【机构设置】|【部门档案】，打开"部门档案"对话框，单击【增加】按钮，输入部门编码"1"、部门名称"行政部"，如图 1-38 所示。

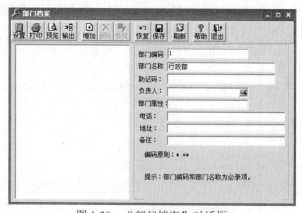

图 1-38　"部门档案"对话框

(2) 单击【保存】按钮。

(3) 重复操作步骤(1)和(2)继续添加其他部门，系统显示已录入的部门档案，如图1-39所示。

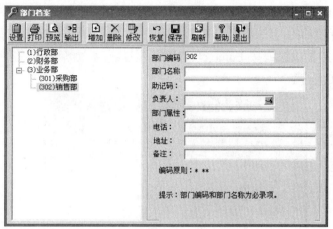

图1-39　已录入的部门档案

(4) 单击【退出】按钮。

【知识要点】
- 部门编码必须符合编码原则。
- 由于在设置部门档案时还未设置职员档案，因此，部门档案中的负责人应在设置完职员档案后，再回到部门档案中设置，使用修改功能进行补充设置。
- 部门档案资料一旦被使用将不能被修改或删除。

【做中学】
任务3：设置职员档案。
职员档案资料如表1-3所示。

表1-3　职员档案资料

职员编码	职员名称	所属部门
001	陈平	行政部
002	许燕	行政部
003	杨帆	财务部
004	于靖	财务部
005	江洋	采购部
006	黄山	采购部
007	宋建	销售部
008	马子山	销售部

【业务处理过程】

(1) 在"畅捷通 T3——企业管理信息化软件教育专版"窗口中,单击【基础设置】|【机构设置】|【职员档案】,打开"职员档案"对话框。

(2) 输入职员编号"001"、职员名称"陈平",单击"所属部门"栏参照按钮选择"行政部",或输入行政部的部门编码"1"。

(3) 单击【增加】按钮或按 Enter 键,重复步骤(2),添加其他职员信息,直至全部录入完成,如图 1-40 所示。

图 1-40 "职员档案"对话框

(4) 单击【退出】按钮。

【知识要点】

- 职员档案中的"所属部门"可以直接录入,也可以直接录入部门的编码,或双击"所属部门"栏后再单击参照按钮,在已录入的部门档案中选择相应的部门。
- 录入全部职员档案后,必须单击【增加】按钮(或按 Enter 键),以增加新的空白行,否则,最后一个职员档案将无法保存。
- 职员档案资料一旦被使用将不能被修改或删除。

【做中学】

任务 4:设置供应商分类。

供应商分类资料如表 1-4 所示。

表 1-4 供应商分类资料

类 别 编 码	类 别 名 称
1	东北地区
2	华北地区
3	西北地区
4	其他地区

【业务处理过程】

(1) 在"畅捷通 T3——企业管理信息化软件教育专版"窗口中,单击【基础设置】|【往来单位】|【供应商分类】,打开"供应商分类"对话框。

(2) 单击【增加】按钮,输入类别编码"1"、类别名称"东北地区"。

(3) 单击【保存】按钮。

(4) 重复步骤(2)和(3),继续输入其他供应商分类的内容,系统显示已录入的供应商分类,如图 1-41 所示。

图 1-41　已设置的供应商分类

(5) 单击【退出】按钮。

【知识要点】

- 供应商分类编码必须是唯一的。
- 供应商分类的编码必须符合编码原则。
- 客户分类的设置方法与供应商分类的设置方法相同。

【做中学】

任务 5:设置供应商档案。

供应商档案资料如表 1-5 所示。

表 1-5　供应商档案资料

供应商编号	供应商名称	供应商简称	所属分类码
G001	天宜公司	天宜公司	东北地区(1)
G002	新能源公司	新能源公司	东北地区(1)
G003	锦秋公司	锦秋公司	华北地区(2)
G004	三元公司	三元公司	西北地区(3)
G005	齐星公司	齐星公司	其他地区(4)

【业务处理过程】

(1) 在"畅捷通 T3——企业管理信息化软件教育专版"窗口中,单击【基础设置】|

【往来单位】|【供应商档案】，打开"供应商档案"对话框，如图1-42所示。

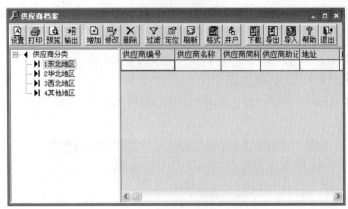

图1-42 "供应商档案"对话框

(2) 将光标移到左框中的"供应商分类"的"1东北地区"所在行。

【知识要点】
- 供应商档案必须在最末级供应商分类下设置。
- 若左框中无供应商分类，则将供应商归入无供应商分类项。

(3) 单击【增加】按钮，打开"供应商档案卡片"对话框，如图1-43所示。

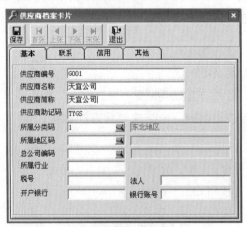

图1-43 "供应商档案卡片"对话框

(4) 在打开的"基本"选项卡中，输入供应商编号"G001"、供应商名称"天宜公司"、供应商简称"天宜公司"和所属分类码"1"。

【知识要点】
- 供应商编号必须唯一。
- 供应商编号、供应商名称、供应商简称、供应商助记码以及所属分类码必须输入，其余可以忽略。
- "联系"选项卡内容可以为空。

(5) 单击【保存】按钮。

(6) 重复以上步骤继续录入其他的供应商档案,如图1-44所示。

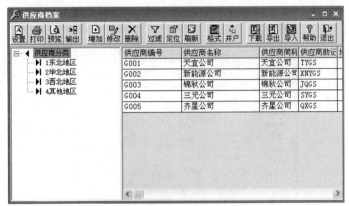

图1-44 已设置的供应商档案

【做中学】

任务6:设置客户档案。

客户档案资料如表1-6所示。

表1-6 客户档案资料

客户编号	客户名称	客户简称
001	玖邦公司	玖邦公司
002	宏基公司	宏基公司
003	英华公司	英华公司

【业务处理过程】

(1) 在"畅捷通 T3——企业管理信息化软件教育专版"窗口中,单击【基础设置】|【往来单位】|【客户档案】,打开"客户档案"对话框,如图1-45所示。

图1-45 "客户档案"对话框

(2) 单击选中"客户分类"中的"00无分类"所在行。

(3) 单击【增加】按钮,打开"客户档案卡片"对话框,在"基本"选项卡中,输入 001 号客户档案的相关信息,如图 1-46 所示。

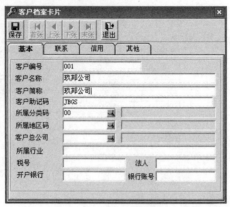

图 1-46 在"客户档案卡片"对话框中录入客户档案的相关信息

(4) 单击【保存】按钮。

(5) 重复以上步骤继续录入 002 号和 003 号客户档案,如图 1-47 所示。

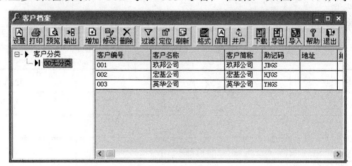

图 1-47 已录入的客户档案

【做中学】

任务 7:设置凭证类别。

设置凭证分类方式为"收款凭证""付款凭证"和"转账凭证",如表 1-7 所示。

表 1-7 设置凭证类别

类 别 字	类 别 名 称	限 制 类 型	限 制 科 目
收	收款凭证	借方必有	1001 1002
付	付款凭证	贷方必有	1001 1002
转	转账凭证	凭证必无	1001 1002

【业务处理过程】

(1) 在"畅捷通 T3——企业管理信息化软件教育专版"窗口中,单击【基础设置】|【财务】|【凭证类别】,打开"凭证类别预置"对话框,如图 1-48 所示。

图 1-48 "凭证类别预置"对话框

(2) 在"凭证类别预置"对话框中,单击"收款凭证 付款凭证 转账凭证"单选按钮,再单击【确定】按钮,进入"凭证类别"窗口。

(3) 在收款凭证所在行双击"限制类型"栏,单击下拉列表框的下三角按钮,选择"借方必有"选项;双击"限制科目"栏,单击参照按钮,选择"1001 库存现金"和"1002 银行存款"(或直接输入"1001,1002")。

(4) 重复上述操作,继续设置付款凭证及转账凭证的"限制类型"和"限制科目"的内容,如图 1-49 所示。

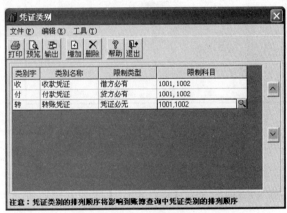

图 1-49 "凭证类别"窗口

(5) 单击【退出】按钮。

【知识要点】

- 限制科目数量不限,科目间用半角状态下的逗号分隔。
- 填制凭证时,如果不符合这些限制条件,系统将拒绝保存。
- 可以通过凭证类别列表右侧的上下箭头按钮调整凭证列表中凭证的排列顺序。
- 如果在设置凭证类别时出现"互斥站点[总账]系统正在执行[系统注册]操作,请稍后再试"则应点击已打开的"总账"模块,注销,或单击【窗口】菜单,注销已打开的功能模块。

【做中学】

任务 8：设置结算方式，如表 1-8 所示。

表 1-8　设置结算方式

结算方式编号	结算方式名称
1	现金结算
2	转账支票
3	汇兑
4	其他

【业务处理过程】

(1) 在"畅捷通 T3——企业管理信息化软件教育专版"窗口中，单击【基础设置】|【收付结算】|【结算方式】，打开"结算方式"对话框，如图 1-50 所示。

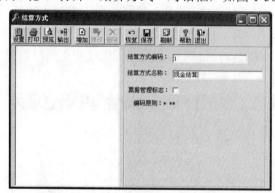

图 1-50　"结算方式"对话框

(2) 单击【增加】按钮，输入结算方式编码"1"，结算方式名称"现金结算"，单击【保存】按钮。

(3) 重复步骤(2)，输入其他的结算方式，单击【保存】按钮确认，系统将会显示已录入的所有结算方式。

【知识要点】

- 结算方式的编码必须符合编码原则。
- 结算方式的录入内容必须是唯一的。
- 在不启动购销存系统的情况下，设置结算方式的主要目的是在使用有"银行账"辅助核算的会计科目时填写相应的结算方式，以便在进行银行对账时将结算方式作为对账的一个参考数据。

【做中学】

任务 9：增加会计科目。

增加如表 1-9 所示的会计科目。

表 1-9 增加会计科目

科 目 编 码	科 目 名 称	辅 助 核 算
222101	应交增值税	
22210101	进项税额	
22210102	销项税额	
660101	工资	部门核算
660102	办公费	部门核算
660103	工会经费	
660104	折旧费	
660105	租赁费	部门核算
660201	工资	部门核算
660202	办公费	部门核算
660203	工会经费	
660204	折旧费	
660205	租赁费	部门核算

【业务处理过程】

(1) 在"畅捷通 T3——企业管理信息化软件教育专版"窗口中,单击【基础设置】|【财务】|【会计科目】,打开"会计科目"窗口。

(2) 单击【增加】按钮,打开"会计科目_新增"对话框,如图 1-51 所示。

(3) 输入科目编码"222101"、科目中文名称"应交增值税",其他项目为默认的系统设置。

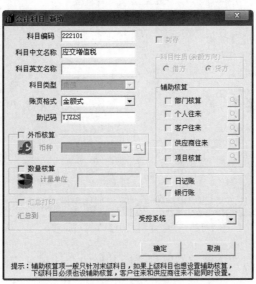

图 1-51 "会计科目_新增"对话框

(4) 单击【确定】按钮，依此方法继续增加其他的会计科目。

【知识要点】
- 增加明细科目时，系统默认其类型与上级科目保持一致。
- 已经使用过的末级会计科目不能再增加下级科目。
- 辅助账类必须设在末级科目上，但为了查询或出账方便，可以在其上级和末级科目中同时设置辅助账类。

【做中学】
任务 10：修改会计科目。

将"1002 银行存款"科目修改为有"日记账""银行账"核算要求的会计科目；"1001 库存现金"科目修改为有"日记账"核算要求的会计科目；将"1122 应收账款"修改为"客户往来"辅助核算的会计科目；"2202 应付账款"修改为"供应商往来"辅助核算的会计科目；将"1221 其他应收款"修改为"个人往来"辅助核算的会计科目。

【业务处理过程】
(1) 在"会计科目"窗口中，将光标移到"1002 银行存款"科目所在行。
(2) 单击【修改】按钮(或双击该会计科目)，打开"会计科目_修改"对话框，再单击【修改】按钮。
(3) 选中"日记账""银行账"复选框，如图 1-52 所示。

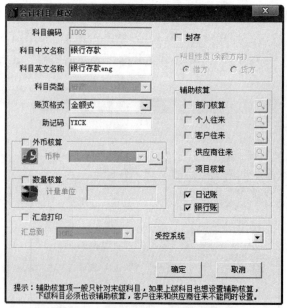

图 1-52 "会计科目_修改"对话框

(4) 单击【确定】按钮。依此方法继续修改其他的会计科目。

【知识要点】
- 非末级会计科目不能再修改科目编码。
- 已经使用过的末级会计科目不能再修改科目编码。
- 已有数据的会计科目，应先将该科目及其下级科目的余额清零后再进行修改。
- 被封存的科目在制单时不可以使用。
- 只有末级科目才能设置汇总打印，且只能汇总到该科目本身或其上级科目。
- 只有处于修改状态才能设置汇总打印和封存。

【做中学】
任务11：删除会计科目。
将"2621独立账户负债"科目删除。

【业务处理过程】
(1) 在"会计科目"窗口中，打开"全部"或"负债"选项卡，将光标移到"2621独立账户负债"科目上。
(2) 单击【删除】按钮。
(3) 系统弹出"记录删除后不能修复！真的删除此记录吗？"提示信息，如图1-53所示。

图1-53 删除会计科目

(4) 单击【确定】按钮。

【知识要点】
- 删除科目后不能修复，只能通过增加功能重新增加被删除的会计科目。
- 非末级科目不能删除。

- 已有数据的会计科目，应先将该科目及其下级科目的余额清零后再删除。
- 被指定的会计科目不能删除。如想删除，必须先取消指定。

【做中学】
任务 12：指定会计科目。
指定"1001 库存现金"为现金总账科目，"1002 银行存款"为银行总账科目。

【业务处理过程】
(1) 在"会计科目"窗口中，单击【编辑】|【指定科目】选项。
(2) 打开"指定科目"对话框，单击"现金总账科目"单选按钮，在"待选科目"选择框中，将光标移到"1001 库存现金"所在行，单击【>】按钮，系统自动将其列于"已选科目"框中，如图1-54所示。

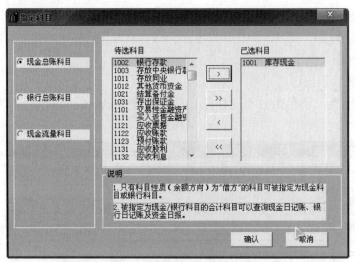

图1-54　指定"库存现金"为现金总账科目

(3) 单击"银行总账科目"单选按钮，在"待选科目"选择框中，将光标移到"1002 银行存款"所在行，单击【>】按钮，系统自动将其列于"已选科目"框中。
(4) 单击【确认】按钮。

提示：
操作至此的结果已备份到光盘中的"111 账套备份\(2)已设置基础档案备份"文件夹中。

【知识要点】
- 只有指定"现金总账科目"和"银行总账科目"之后才能进行出纳签字，才能查询现金日记账和银行存款日记账。
- 若想完成出纳签字的操作，还应在总账系统的选项中设置为"出纳凭证必须经由出纳签字"。

实验一 系统管理

【实验准备】

安装"畅捷通 T3——企业管理信息化软件教育专版"系统,将系统日期修改为"2016年1月31日"。

【实验要求】

1. 设置操作员。
2. 建立账套(直接启用"总账"系统,启用日期为"2016年1月1日")。
3. 设置操作员权限。
4. 账套备份(备份至文档中的"333账套备份/333-1")。

【实验资料】

1. 操作员及其权限(见表 1-10)

表 1-10 操作员及其权限

编号	姓名	口令	所属部门	权限
CL	陈丽	001	财务部	账套主管的全部权限
WJ	王军	002	财务部	公用目录设置及"总账"中除恢复记账前状态(GL0209)外的所有总账系统的权限
LDW	李大为	003	财务部	总账系统及现金管理的权限

2. 账套信息

账套号:333
账套名称:一利公司账套
单位名称:一利股份有限公司
单位简称:一利公司
单位地址:北京市朝阳区工体西路10号
法人代表:李伟建
邮政编码:100011
税号:1000111112553333
本币名称:人民币
启用会计期:2016年1月
企业类型:工业
行业性质:2007年新会计准则
账套主管:陈丽

基础信息：对存货、客户进行分类、无外币核算
采购及销售流程均采用标准流程
分类编码方案如下。
科目编码级次：4222
客户分类编码级次：123
部门编码级次：122
存货分类编码级次：122 其他分类编码默认系统设置

实验二 基础设置

【实验准备】

已经完成了实验一的操作。可以引入光盘中的"333 账套备份/333-1"，将系统日期修改为"2016 年 1 月 31 日"，由操作员"CL(密码：001)"注册进入"畅捷通 T3——企业管理信息化软件教育专版"系统。

【实验要求】

1. 设置部门档案。
2. 设置职员档案。
3. 设置客户分类。
4. 设置客户档案。
5. 设置供应商档案。

【实验资料】

(1) 部门档案(见表 1-11)

表 1-11 部门档案

部 门 编 码	部 门 名 称
1	行政部
2	财务部
3	市场部
301	采购部
302	销售部
4	生产车间

(2) 职员档案(见表1-12)

表1-12 职员档案

职员编码	职员姓名	所属部门
1	张建	行政部
2	宁静	行政部
3	陈丽	财务部
4	王军	财务部
5	李大为	财务部
6	李慧	采购部
7	陈强	销售部
8	关鑫	生产车间

(3) 客户分类(见表1-13)

表1-13 客户分类

类别编码	类别名称
1	东北地区
2	华北地区
3	西北地区

(4) 客户档案(见表1-14)

表1-14 客户档案

客户编码	客户简称	所属分类
01	宏浩公司	1 东北地区
02	光线公司	1 东北地区
03	三合公司	2 华北地区
04	新天地公司	2 华北地区
05	广厦集团	3 西北地区

(5) 供应商档案(见表1-15)

表1-15 供应商档案

供应商编码	供应商简称	所属分类
01	北京杰兴公司	00
02	天地公司	00
03	天聪公司	00

第 2 单元

总 账 业 务

【学习目标】

知识目标

掌握总账系统初始化的内容、作用和设置方法；掌握总账系统中填制凭证、修改凭证、审核凭证、记账的方法和知识要点；掌握总账期末业务处理的内容和处理方法；熟悉出纳业务的内容、作用和处理方法，以及查账的方法。

能力目标

能够为总账系统日常业务处理做好充分的准备；能够根据企业日常业务的发生情况，进行日常业务处理及期末业务处理。

2.1 总账系统初始化

总账系统初始化包括设置总账系统控制参数和录入期初余额等。

【任务导入】

宏信公司自 2016 年 1 月开始使用畅捷通 T3 管理软件进行总账账务处理，经过向软件实施工程师咨询得知，在进行总账业务处理之前，为了加强内部控制，确定本公司的会计业务处理的核算规则等，应进行总账系统的参数设置。现在需要在了解本公司会计业务处理要采用的规则和具体的要求后进行参数设置，以满足会计核算与管理的要求。另外，在正式应用系统进行总账业务处理之前，要对原有手工数据进行加工整理，并在软件实施工程师的帮助下，确认了总账系统期初余额的录入方案。现在需要了解在使用计算机处理账务数据时，应如何录入期初余额，并了解期初余额对日常业务的影响。

【做中学】
任务1：定义总账系统启用参数。
111账套首次启用总账系统，在设置总账系统的参数时，不允许修改、作废他人填制的凭证。

【业务处理过程】
(1) 单击【总账】|【设置】|【选项】，打开"选项"对话框。
(2) 单击"允许修改、作废他人填制的凭证"复选框(即取消复选框中的"√")，系统提示如图2-1所示。

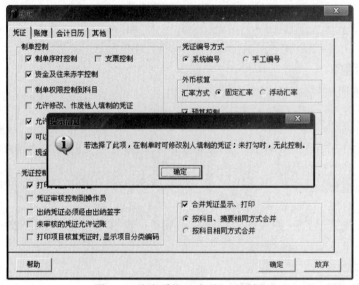

图2-1 总账系统"选项"对话框

(3) 单击【确定】按钮，返回"选项"对话框，再单击【确定】按钮。

【知识要点】
● 在总账系统的"选项"对话框中可以进行总账系统中相应的运行参数的设置。
● 总账系统的运行参数直接影响日常业务处理的规则，所以在设置时应充分考虑日常业务的特点和管理要求，正确设置每一项参数。
● 如果选择"凭证审核控制到操作员"，还应通过设置"明细权限"功能设置相应的明细审核权限。
● 如果选择了"出纳凭证必须经由出纳签字"，则还应通过"指定科目"功能设置相应现金总账科目和银行存款总账科目后，才能进行出纳签字的操作。

【做中学】
任务2：录入基本科目余额。
2016年1月，111账套的基本科目的期初余额如表2-1所示。

表 2-1　录入基本科目余额

科 目 名 称	方　　向	期初余额/元
库存现金	借	13 680
银行存款	借	552 330
库存商品	借	369 522
固定资产	借	3 323 600
累计折旧	贷	856 022
短期借款	贷	800 000
长期借款	贷	685 990
实收资本	贷	2 000 000

【业务处理过程】

(1) 在"畅捷通 T3——企业管理信息化软件教育专版"窗口中,单击【总账】|【设置】|【期初余额】,打开"期初余额录入"对话框。

(2) 将光标定在"1001 库存现金"科目的"期初余额"栏,输入期初余额"13 680",如图 2-2 所示。

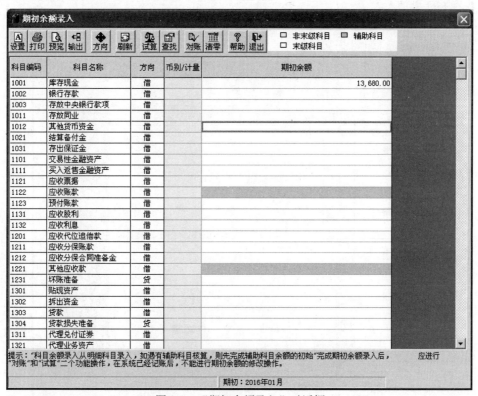

图 2-2　"期初余额录入"对话框

(3) 继续录入其他会计科目的期初余额。

【知识要点】

- 如果某科目为数量和外币核算，应录入期初数量和外币余额，但必须先录入本币余额，再录入数量和外币余额。
- 非末级会计科目余额不用录入，系统将根据其下级明细科目自动汇总计算填入。
- 出现红字余额用负号输入。
- 修改余额时，直接输入正确数据即可。
- 凭证记账后，期初余额变为浏览只读状态，不能再修改。

【做中学】

任务 3：录入往来科目余额。

输入"1221 其他应收款"科目的期初余额，相关信息有日期"2015-11-30"，凭证号"付-101"，部门"采购部"，个人名称"江洋"，摘要"出差借款"，方向"借"，期初余额"8 000 元"；输入"1122 应收账款"科目的期初余额"257 400"元，其中明细资料是 2015 年 11 月 18 日，销售给英华公司产品未收款的"转账凭证122号"；输入"2202 应付账款"科目的期初余额"182 520"元，其中明细资料是 2015 年 12 月 18 日，向锦秋公司采购材料的应付款"转账凭证39号"。

【业务处理过程】

(1) 在"期初余额录入"对话框中，将光标移到"1221 其他应收款"科目所在行，系统提示"个人往来"，如图 2-3 所示。

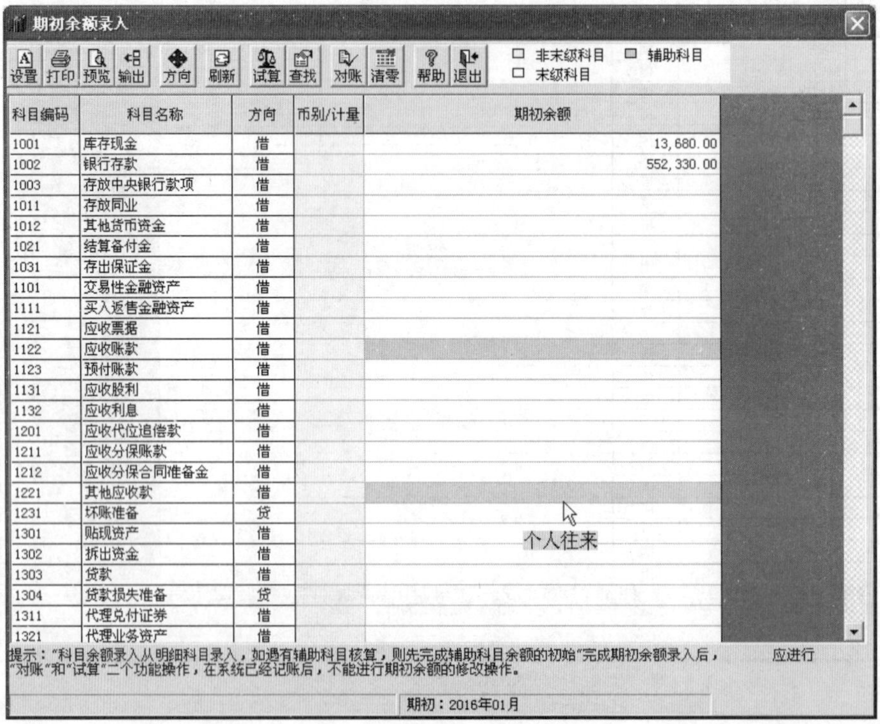

图 2-3 提示个人往来核算

(2) 双击"期初余额"栏,打开"个人往来期初"对话框,如图 2-4 所示。

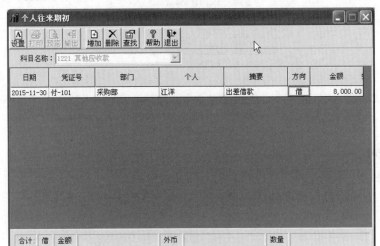

图 2-4 "个人往来期初"对话框

(3) 单击【增加】按钮,修改日期为"2015-11-30"。

(4) 输入凭证号"付-101"或双击"凭证号"栏,在系统打开的"凭证类别参照"对话框中进行选择。

(5) 直接输入或双击后单击参照按钮,选择部门"采购部"、个人"江洋"、摘要"出差借款"。

(6) 系统默认方向"借",输入期初余额"8 000"。

(7) 继续输入其他往来科目的余额,输入完成后,单击【退出】按钮。

【知识要点】
- 只要求录入最末级科目的余额和累计发生额,上级科目的余额和累计发生额由系统自动计算。
- 借贷方累计发生额直接录入,期初余额在辅助项中录入。
- 如果某科目涉及部门辅助核算,则必须按辅助项录入期初余额。具体业务处理过程参照个人往来科目期初余额的录入方法。

【做中学】
任务 4:调整余额方向。
将"1404 材料成本差异"科目余额的方向由"借"调整为"贷"。

【业务处理过程】
(1) 在"期初余额录入"对话框中,单击"材料成本差异"科目所在行,再单击【方向】按钮,打开"调整余额方向"对话框,如图 2-5 所示。

图 2-5 "调整余额方向"对话框

(2) 确定需要调整的方向后,单击【是】按钮返回,此时"材料成本差异"科目的余额方向调整为"贷"方。

【知识要点】
- 总账科目与其下级明细科目的余额方向必须一致。
- 余额的方向应以科目属性或类型为准,不以当前余额方向为准。

【做中学】
任务 5:试算平衡。
检查期初余额是否平衡,如果不平衡应检查余额录入是否有错误。

【业务处理过程】
(1) 在"期初余额录入"对话框中,单击【试算】按钮,查看期初余额试算平衡表,检查余额是否平衡,如图 2-6 所示。

图 2-6 "期初试算平衡表"对话框

(2) 单击【确认】按钮。

【知识要点】
- 期初余额试算不平衡,可以填制凭证但不能记账。
- 已经记过账,则不能再录入和修改期初余额,也不能执行"结转上年余额"的功能。

2.2 填制凭证

填制凭证是总账系统最重要的日常业务处理工作,也是总账系统日常业务的唯一数据来源,因此,凭证填制的正确性直接影响到企业会计数据的正确性。

【任务导入】

会计人员的主要工作职责就是记账、算账和报账,做到手续完备、数字准确、账目清楚、按期报账。宏信公司已经具有两年经营过程,对于手工会计业务的处理已经积累了丰富的经验。在使用畅捷通 T3 软件时,应明确地知道在总账系统中应该完成哪些主要工作、手工操作与计算机操作有哪些不同、在实际工作中应该掌握的知识点有哪些。

【做中学】

任务 1:填制凭证。

2016 年 1 月 18 日共发生 3 笔业务。销售给玖邦公司和英华公司产品各 20 件,每件售价 2 000 元,货款及税款均未收到;向天宜公司购买材料一批已验收入库,货款 10 000 元和税款 1 700 元尚未支付。

由会计于靖(编号:YJ;密码:000000)在【总账】|【凭证】|【填制凭证】功能中填制转账凭证。

(1) 销售给玖邦公司产品,货款尚未收到。

借:应收账款(玖邦公司)   46 800

   贷:应交税费——应交增值税(销项税额)   6 800

       主营业务收入   40 000

(2) 销售给英华公司产品,货款尚未收到。

借:应收账款(英华公司)   46 800

   贷:应交税费——应交增值税(销项税额)   6 800

       主营业务收入   40 000

(3) 向天宜公司购买材料,货款未付。

借:原材料   10 000

   应交税费——应交增值税(进项税额)   1 700

   贷:应付账款(天宜公司)   11 700

【业务处理过程】

(1) 在"畅捷通 T3——企业管理信息化软件教育专版"窗口中,单击【总账】|【凭证】|【填制凭证】,或直接单击桌面上的填制凭证图标,进入"填制凭证"窗口。

(2) 单击【增加】按钮(或按 F5 键),增加一张新凭证。选择凭证类别为"转账凭证",确认凭证日期为"2016.01.18",如图 2-7 所示。

(3) 在"摘要"栏录入"销售产品,货款尚未收到";在"科目名称"栏输入"应收账款"科目的编码"1122",或单击参照按钮选择"1122 应收账款"科目,或输入应收账款之后按 Enter 键,出现"辅助项"对话框,选择客户"玖邦公司",输入借方金额"46 800"。

(4) 继续输入凭证的其他内容。

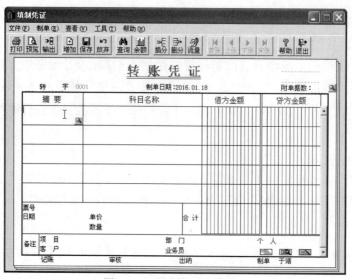

图 2-7 "填制凭证"窗口

(5) 单击【保存】按钮,系统显示一张完整的转账凭证,如图 2-8 所示。

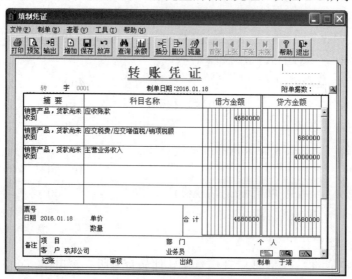

图 2-8 已保存的转账凭证

(6) 单击【增加】按钮(或按 F5 键),可以继续录入另外两张转账凭证。

【知识要点】
- 凭证类别为初始设置时已定义的凭证类别代码或名称。
- 在"附单据数"处可以按 Enter 键通过,也可以输入单据数量。
- 正文中不同行的摘要可以相同也可以不同,但不能为空。每行摘要将随相应的会计科目在明细账和日记账中出现。新增分录完成后,按 Enter 键,系统会将摘要自动复制到下一分录行。

- 由于在日常经济业务处理的过程中有很多业务的内容是相同或类似的，因此，在填制凭证时会填写相同或类似的摘要，系统提供了设置常用摘要的功能，我们可以单击"摘要"栏的参照按钮来设置常用摘要。

【做中学】
任务 2：修改凭证。
2016 年 1 月 18 日，发现已填制的销售给"英华公司"产品 20 件，每件售价 2 000 元的转账凭证中的客户应为"宏基公司"。

由会计于靖(编号：YJ；密码：000000)，在【总账】|【凭证】|【填制凭证】功能中修改转账凭证。将"转 0002"凭证中"销售给英华公司产品，货款尚未收到"的摘要修改为"销售给宏基公司产品，货款尚未收到"，会计分录如下所示。

借：应收账款(宏基公司)　　　　　　　　　46 800
　贷：应交税费——应交增值税(销项税额)　　6 800
　　　主营业务收入　　　　　　　　　　　40 000

【业务处理过程】
(1) 在"填制凭证"窗口中，单击【上张】或【下张】按钮，找到要修改的"转字 0002"凭证。
(2) 单击"应收账款"所在行后将光标移到凭证下方的"客户　英华公司"，出现笔状的光标，如图 2-9 所示。

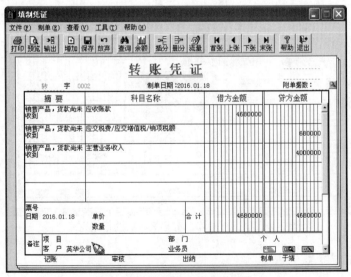

图 2-9　选中要修改的客户名称

(3) 双击"英华公司"出现"辅助项"对话框，删除"英华公司"后，单击客户栏参照按钮，选择"宏基公司"，如图 2-10 所示。

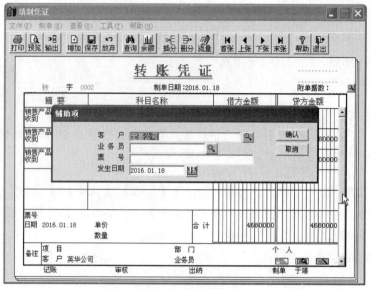

图 2-10 修改凭证

(4) 单击【确认】按钮。
(5) 单击【保存】按钮，如图 2-11 所示。

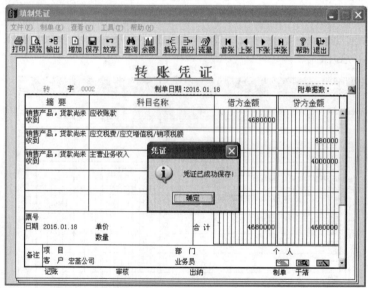

图 2-11 已保存的修改客户名称后的记账凭证

(6) 单击【确定】按钮。

【知识要点】

- 对错误凭证进行修改，可分为"无痕迹"修改和"有痕迹"修改两种。"无痕迹"修改，即不留下任何曾经修改的线索和痕迹；"有痕迹"修改则是采用红字冲销法生成红字冲销凭证。

- 对已经输入但未审核的机内记账凭证可以直接进行修改。
- 已通过审核但还未记账的凭证不能直接修改，可以先取消审核再修改。
- 在当前金额的相反方向，按空格键可改变金额方向。
- 单击【插分】按钮，可在当前分录前增加一条分录。
- 若已选择不允许修改或作废他人填制的凭证权限控制，则不能修改或作废他人填制的凭证。
- 外部系统(如工资系统、固定资产系统等)传递来的凭证不能在总账系统中修改，只能在生成该凭证的系统中进行修改或删除。
- 如果需要冲销某张已记账的凭证，可以使用【制单】|【冲销凭证】命令制作红字冲销凭证。当然，进行红字冲销的凭证，必须是已经记账的凭证。制作红字冲销凭证将错误凭证冲销后，需要再编制正确的蓝字凭证进行补充。通过红字冲销法增加的凭证，应视同正常凭证进行保存和管理。

【做中学】
任务 3：删除凭证。
删除"转字 0002"转账凭证。

【业务处理过程】
(1) 在"填制凭证"窗口中，单击【上张】或【下张】按钮，找到要删除的"转字 0002"转账凭证。

(2) 单击【制单】|【作废/恢复】，在凭证左上角显示"作废"字样，如图 2-12 所示。

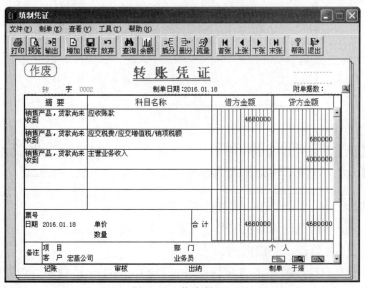

图 2-12 作废凭证

(3) 单击【制单】|【整理凭证】选项，出现"请选择凭证期间"对话框，如图 2-13 所示。

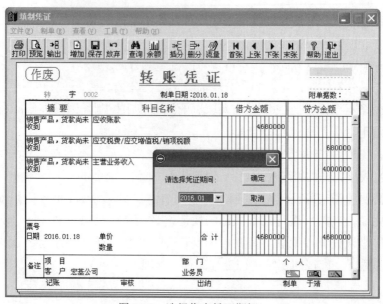

图 2-13　选择作废凭证期间

（4）单击【确定】按钮，打开"作废凭证表"对话框，在"删除？"栏双击录入"Y"字母，如图 2-14 所示。

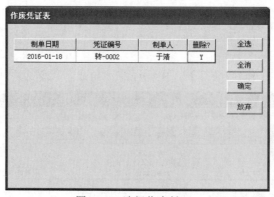

图 2-14　选择作废凭证

（5）单击【确定】按钮，系统提示"是否还需整理凭证断号"，如图 2-15 所示。
（6）单击【是】按钮，完成删除凭证的操作。

【知识要点】
- 作废凭证仍保留凭证内容及编号，只显示"作废"字样。
- 作废凭证不能修改，不能审核。
- 在记账时，已作废的凭证将参与记账，否则，月末无法结账，但系统不对作废凭证进行数据处理，即相当于一张空凭证。
- 账簿查询时，找不到作废凭证的数据。

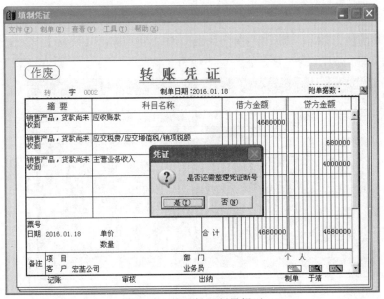

图 2-15 整理凭证断号提示

- 若当前凭证已作废，可单击【制单】|【作废/恢复】选项，取消作废标志，即可将当前凭证恢复为有效凭证。

【做中学】

任务 4：查询凭证。

查询 2016 年 01 月，尚未记账的第 2 号转账凭证。

【业务处理过程】

方法 1：在"填制凭证"窗口中，单击【查询】按钮或者单击【查看】|【查询】选项，打开"凭证查询"对话框即可查询。

方法 2：

(1) 在"畅捷通 T3——企业管理信息化软件教育专版"窗口中，单击【总账】|【凭证】|【查询凭证】，打开"凭证查询"对话框，如图 2-16 所示。

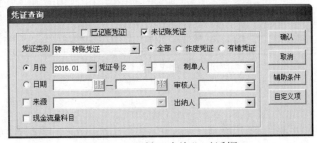

图 2-16 "凭证查询"对话框

(2) 单击"未记账凭证"复选框。
(3) 选择"凭证类别"下拉列表框中的"转 转账凭证"选项。

(4) 输入凭证号"2"—"2",其他栏目可以为空。

(5) 单击【确认】按钮,打开"查询凭证"对话框,单击【确定】按钮,即可找到符合查询条件的凭证,如图 2-17 所示。

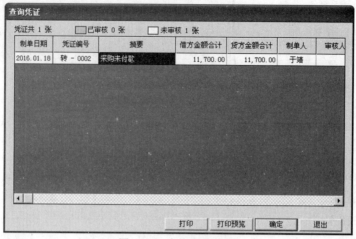

图 2-17 查找到的凭证

(6) 单击【确定】按钮,打开 0002 号转账凭证,如图 2-18 所示。

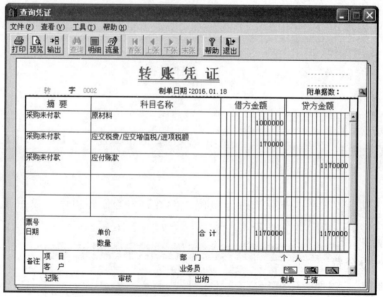

图 2-18 查找到的凭证

【知识要点】

- 在"填制凭证"窗口中,单击"查看"菜单中的选项可以查看到当前科目最新余额、外部系统制单信息以及查明细账等内容。
- 如果凭证尚未记账,则可以直接在"填制凭证"功能中进行查看。

2.3 出纳业务

出纳岗位的日常业务主要包括填制收付款凭证、进行出纳签字、查询日记账和资金日报表等。

【任务导入】

宏信公司为了加强对现金和银行存款的管理，公司决定对会计人员所填制的凭证中的收付凭证，必须经由出纳签字后才能记账。现在需要了解应如何对收付凭证进行出纳签字的操作，以及对出纳签字的操作有哪些具体的要求。

【做中学】

任务 1：填制付款凭证。

2016 年 1 月 18 日，以现金支付财务部的办公用品费 920 元。

2016 年 1 月 18 日，以转账支票(No.13232)支付销售部的租赁费 5 000 元。

在总账系统中填制付款凭证，会计分录如下所示。

(1) 支付办公用品费

借：管理费用——办公费(财务部)　　　　920

　　贷：库存现金　　　　　　　　　　　　920

(2) 支付租赁费

借：销售费用——租赁费(销售部)　　　　5 000

　　贷：银行存款　　　　　　　　　　　　5 000

【业务处理过程】

(1) 单击【总账】|【凭证】|【填制凭证】，或直接单击桌面上的"填制凭证"图标，打开"填制凭证"窗口。

(2) 单击【增加】按钮(或按 F5 键)，增加 1 张新凭证。选择凭证类别为"付款凭证"，确认凭证日期为"2016.01.18"。

(3) 在"摘要"栏录入"以现金支付财务部的办公用品费"；在"科目名称"栏输入"管理费用——办公费"科目的编码"660202"，或单击参照按钮选择"660202 办公费"科目，或直接输入"管理费用——办公费"，随后按 Enter 键，出现"辅助项"对话框，选择部门为"财务部"，如图 2-19 所示。

(4) 单击【确认】按钮，输入借方金额"920"，按 Enter 键，继续输入下一行。

(5) 在第二行"科目名称"栏输入"库存现金"科目的编码"1001"，或单击参照按钮选择"1001 库存现金"科目，或直接输入库存现金后按 Enter 键，输入贷方金额"920"(或单击"="键)。

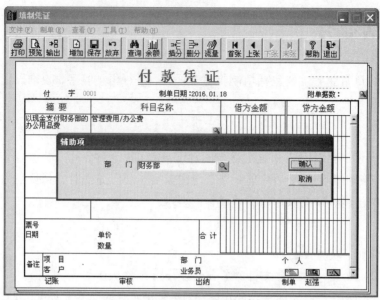

图 2-19　录入辅助项的部门名称

(6) 单击【保存】按钮，系统显示 1 张完整的凭证，如图 2-20 所示。

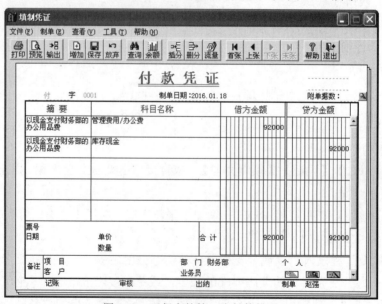

图 2-20　已保存的第 1 张付款凭证

(7) 单击【增加】按钮(或按 F5 键)，继续录入第 2 张付款凭证，如图 2-21 所示。

【知识要点】
- 在启动总账系统前应先在系统管理中设置相应的账套。
- 在启动总账系统前应先在系统管理中启用了总账系统。

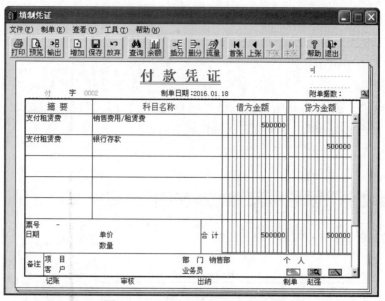

图 2-21 已保存的第 2 张付款凭证

- 正文中不同行的摘要可以相同也可以不同，但不能为空。每行摘要将随相应的会计科目在明细账和日记账中出现。新增分录完成后，按 Enter 键，系统将摘要自动复制到下一个分录行。
- 在"科目名称"栏中应录入或选择最末级的科目编码。
- 金额不能为"0"，红字以"—"号表示。
- 若当前分录的金额为其他所有分录的借贷方差额，则在金额处按"="键即可。
- 当使用带有"银行账"辅助核算的会计科目时应录入结算方式及票号等信息。
- 凭证填制完成后，只要继续增加凭证或退出当前凭证，当前凭证均可自动保存。

【做中学】

任务 2：填制收款凭证。

2016 年 1 月 18 日，销售产品后收到一张 117 000 元的转账支票(No.654321)。其中货款 100 000 元，税款 17 000 元。

2016 年 1 月 18 日，收到业务部江洋还款 1 000 元。

(1) 销售并收款。

借：银行存款　　　　　　　　　　　　　　　117 000
　　贷：主营业务收入　　　　　　　　　　　　100 000
　　　　应交税费——应交增值税(销项税额)　　 17 000

(2) 收到个人还款。

借：库存现金　　　　　　　　　　　　　　　1 000
　　贷：其他应收款(业务部，江洋)　　　　　　1 000

【业务处理过程】

(1) 单击【增加】按钮(或按 F5 键)，增加 1 张新凭证。选择凭证类别为"收款凭证"，确认凭证日期为"2016.01.18"。

(2) 在"摘要"栏录入"收到销售商品款"；在"科目名称"栏输入"银行存款"科目的编码"1002"，或单击参照按钮选择"1002 银行存款"科目，或输入科目名称"银行存款"之后单击 Enter 键，系统打开"辅助项"对话框。

(3) 输入结算方式"2"或单击参照按钮选择"2 转账支票"，输入票号"654321"，如图 2-22 所示。

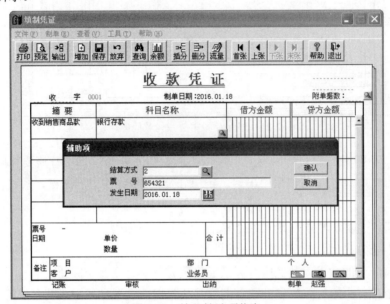

图 2-22　输入辅助项信息

(4) 单击【确认】按钮后返回。

(5) 输入借方金额"117 000"，按 Enter 键，继续输入下一行。

(6) 在第 2 行"科目名称"栏输入"主营业务收入"的编码"6001"，或单击参照按钮选择"6001 主营业务收入"科目，或输入"主营业务收入"，输入贷方金额 100 000 后按 Enter 键，继续输入下一行。

(7) 在第 3 行"科目名称"栏输入"应交税费——应交增值税(销项税额)"的编码"22210102"，或单击参照按钮选择"22210102 销售项税额"科目，输入贷方金额"17 000"(或按"="键生成最后一行分录的金额)。

(8) 单击【保存】按钮，系统显示 1 张完整的收款凭证，如图 2-23 所示。

(9) 单击【增加】按钮(或按 F5 键)，增加 1 张新凭证，分别录入第 2 张收款凭证的内容，如图 2-24 所示。

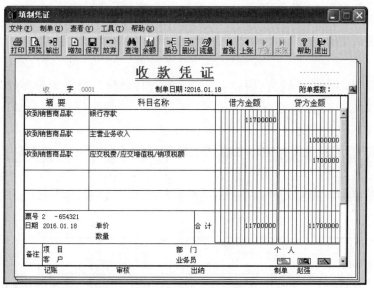

图 2-23　已保存的第 1 张收款凭证

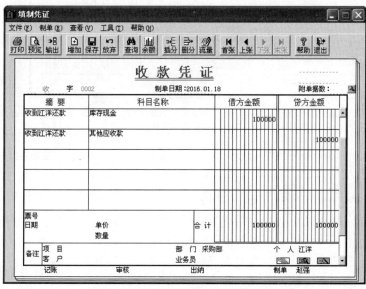

图 2-24　已保存的第 2 张收款凭证

【知识要点】

- 输入的结算方式、票号和发生日期将在进行银行对账时使用。
- 凭证号按类别、按月由系统自动生成。
- 当使用带有"个人往来"辅助核算的会计科目时应录入其部门及个人的名称。

【做中学】

任务 3：修改记账凭证。

2016 年 1 月 18 日，将"付字 0001"付款凭证的金额修改为 982 元。

【业务处理过程】

(1) 在"填制凭证"窗口中,单击【上张】或【下张】按钮,找到要修改的"付字 0001"付款凭证。

(2) 直接将借方金额修改为"982",随后将光标移到"贷方金额"栏录入贷方金额"982",或按"="键,如图 2-25 所示。

(3) 单击【保存】按钮。

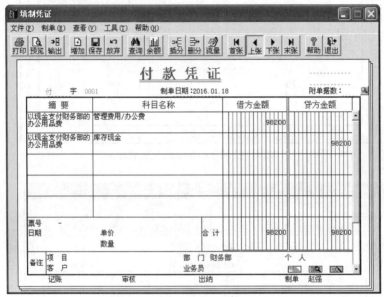

图 2-25　修改付款凭证

【知识要点】
- 凭证填制后可以直接修改,但是凭证一旦保存,其凭证类别就不能修改了。
- 采用序时控制时,凭证日期应大于或等于启用日期,但不能超过计算机系统日期。
- 一般情况下只能由制单人本人修改错误的凭证。
- 若已采用制单序时控制,则在修改制单日期时,不能将修改的制单日期提前到上一张凭证的制单日期之前。

【做中学】

任务 4:出纳签字。

由出纳员赵强(ZQ,密码:000000)将 1 月份所填制的收付凭证进行出纳签字。

【业务处理过程】

(1) 由赵强(ZQ,密码:000000)登录 111 账套,在"畅捷通 T3——企业管理信息化软件教育专版"窗口中,单击【总账】|【凭证】|【出纳签字】选项,打开"出纳签字"条件录入对话框,如图 2-26 所示。

(2) 单击【全部】按钮,单击"月份"单选按钮,在其下拉列表框中选择"2016.01"。

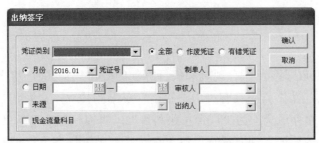

图 2-26　"出纳签字"条件录入对话框

(3) 单击【确认】按钮，显示符合条件的凭证，如图 2-27 所示。

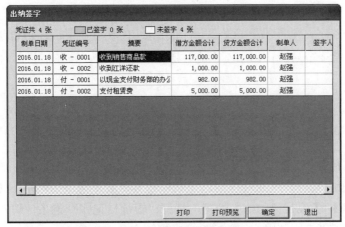

图 2-27　显示符合条件的凭证

(4) 单击【确定】按钮，打开 1 张需签字的凭证。

(5) 检查核对无误后，单击【签字】按钮，系统在凭证中的"出纳"处自动签上出纳的姓名，如图 2-28 所示。

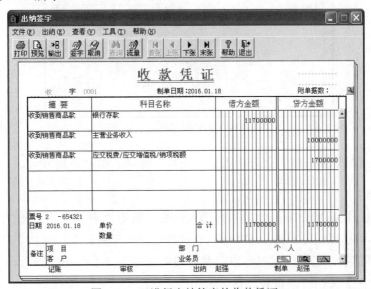

图 2-28　已进行出纳签字的收款凭证

(6) 单击【下张】按钮，可对其他的凭证进行签字处理。

【知识要点】

- 若对出纳凭证(即涉及库存现金和银行存款的收付凭证)进行签字操作应做好两个准备。首先，操作员应具有"出纳签字"权限；其次，在系统初始化的科目设置中指定了"库存现金"为"现金总账科目"，"银行存款"为"银行总账科目"。
- 如果已签字的凭证发现有错误，则需单击【取消】按钮，取消签字必须由原签字人进行取消操作，再由制单人进行修改。
- 出纳签字时，可以单击【签字】|【成批出纳签字】选项，进行成批签字；取消签字时，也可以单击【签字】|【成批取消签字】来完成相应的操作。
- 凭证一经签字，不能被随意修改和删除，只有取消签字后才可以进行修改或删除操作，取消签字只能由出纳本人进行操作。

【做中学】

任务 5：查询日记账。

查询 2016 年 1 月份的"包含未记账凭证"的银行存款日记账。

【业务处理过程】

(1) 在"畅捷通 T3——企业管理信息化软件教育专版"窗口中，单击【现金】|【现金管理】|【日记账】|【银行日记账】选项，打开"银行日记账查询条件"对话框。

(2) 选择"科目"下拉列表框中的"1002 银行存款"选项。

(3) 查询方式系统默认为按月查询，选择月份"2016.01—2016.01"。

(4) 单击选中"包含未记账凭证"复选框，如图 2-29 所示

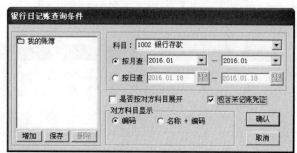

图 2-29　输入"银行日记账查询条件"对话框中的查询信息

(5) 单击【确认】按钮，打开"银行日记账"窗口，如图 2-30 所示。

【知识要点】

- 在"银行日记账"中，如果本月尚未结账，显示"当前合计"及"当前累计"；如果本月已经结账，则显示"本月合计"及"本年累计"。
- 查询日记账时还可以用鼠标双击某行或单击【凭证】按钮，查看相应的凭证，单击【总账】按钮可以查看此科目的 3 栏式总账。

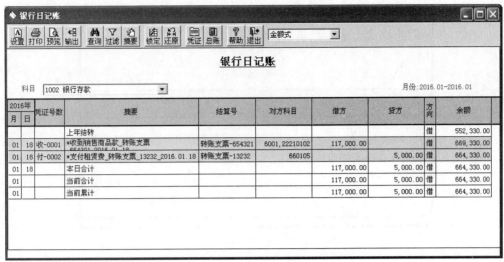

图 2-30 "银行日记账"窗口

- 现金日记账的查询与银行存款日记账的查询操作基本相同。

【做中学】

任务 6：查询资金日报表。

查询 2016 年 1 月 18 日的资金日报表(包含未记账凭证)。

【业务处理过程】

(1) 在"畅捷通 T3——企业管理信息化软件教育专版"窗口中，单击【现金】|【现金管理】|【日记账】|【资金日报】选项，打开"资金日报表查询条件"对话框。

(2) 单击【日期】按钮,选择"2016.01.18"选项(或直接输入日期"2016.01.18")，单击"包含未记账凭证"复选框，如图 2-31 所示。

图 2-31 "资金日报表查询条件"对话框

(3) 单击【确认】按钮，进入"资金日报表"窗口，如图 2-32 所示。

【知识要点】

- 在"资金日报表"窗口中，用鼠标单击【日报】按钮可查询并打印光标所在行科目的日报单。
- 用鼠标单击【昨日】按钮可查看现金及银行科目的昨日余额。

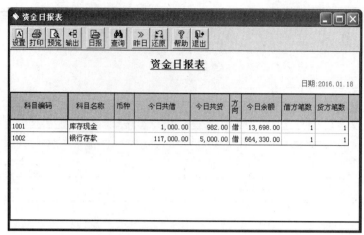

图 2-32 "资金日报表"窗口

2.4 审核凭证并记账

审核凭证并记账是会计人员的重要工作,也是确保会计工作的正确性、及时性和合法合规性的重要体现。在电算化方式下,按照会计基础工作规范的要求,软件中约定当凭证填制后必须经由有权限的操作员对凭证进行审核签字,否则,系统将不允许记账;在电算化方式下,记账是由有记账权限的操作员发出记账指令,由计算机按照预先设计的记账程序自动进行合法性检查、科目汇总及登记账簿等操作。

【任务导入】

宏信公司已经分别由出纳和会计在畅捷通 T3 软件中完成了填制凭证和出纳签字的操作,现在需要了解在会计电算化方式下,已经填制并进行了出纳签字的凭证,还应进行哪些操作才算是完成了总账的日常业务处理。

【做中学】

任务 1:审核凭证。
审核 1 月份填制的记账凭证。

【业务处理过程】

(1) 以"YF(杨帆,密码:000000)"的身份注册"畅捷通 T3——企业管理信息化软件教育专版"系统。

(2) 在"畅捷通 T3——企业管理信息化软件教育专版"窗口中,单击【总账】|【凭证】|【审核凭证】,或直接单击桌面上的"审核凭证"图标 ,打开"凭证审核"对话框,如图 2-33 所示。

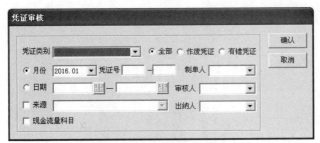

图 2-33 "凭证审核"对话框

(3) 单击【确认】按钮,系统显示全部记账凭证。

(4) 单击【确定】按钮,打开待审核的记账凭证。

(5) 对凭证进行检查并确定无误后,单击【审核】按钮,审核记账凭证;如认为有错误,可单击【标错】按钮。已审核的"收字 0001"凭证如图 2-34 所示。

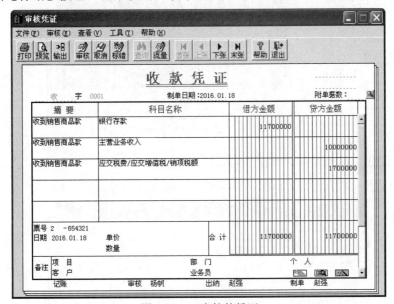

图 2-34 已审核的凭证

(6) 以此方法继续审核其他的记账凭证。

【知识要点】

- 在确认一批凭证无错误时可以单击【审核】|【成批审核凭证】,完成成批审核的操作。
- 作废凭证不能被审核,也不能被标错。
- 审核人和制单人不能是同一个人。
- 凭证一经审核,不能被修改和删除,只有取消审核签字后才能进行修改或删除。
- 已标错的凭证不能被审核,需先取消标错后才能进行审核。

【做中学】

任务2：记账。

将2016年1月份已审核过的记账凭证记账。

【业务处理过程】

(1) 在"畅捷通T3——企业管理信息化软件教育专版"窗口中，单击【总账】|【凭证】|【记账】，或直接单击桌面上的"记账"图标，打开"记账——选择本次记账范围"对话框，如图2-35所示。

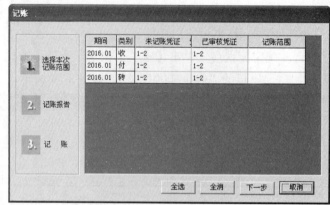

图2-35 "记账——选择本次记账范围"对话框

(2) 选择需要记账的范围，默认为所有已审核的凭证。

(3) 单击【下一步】按钮，打开"记账——记账报告"对话框，如图2-36所示。

图2-36 记账报告

(4) 如果需要打印记账报告，可单击【打印】按钮。

(5) 单击【下一步】按钮，打开"记账——记账"对话框。

(6) 单击【记账】按钮，显示"期初试算平衡表"对话框，如图2-37所示。

(7) 单击【确认】按钮，系统开始登录有关的总账、明细账和辅助账，结束后系统弹出"记账完毕！"的提示对话框，如图2-38所示。

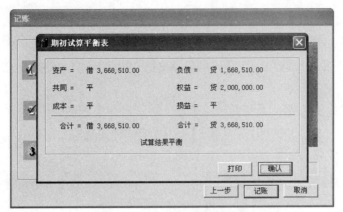

图 2-37　显示期初试算平衡表

图 2-38　记账完毕的提示

(8) 单击【确定】按钮。

【知识要点】
- 在电算化方式下，记账由系统自动完成，极大地减轻了会计人员的工作负担，因此，记账工作既可以由会计负责也可以由会计主管负责。
- 记账是以会计凭证为依据，将经济业务全面、系统、连续地记录到具有账户基本结构的账簿中去的一种方法。
- 记账范围可输入数字、"－"和"，"。
- 第一次记账时，若期初余额试算不平衡，不能记账。
- 上月未结账，本月不能记账。
- 作废凭证不需审核可直接记账。
- 在记账过程中，如果发现某一个步骤设置错误，可以单击【上一步】按钮，返回后进行修改。如果不想再继续记账，可单击【取消】按钮，取消本次记账工作。
- 在记账过程中，不得中断退出。

【做中学】
任务 3：取消记账。
取消 111 账套 1 月份所有记账的操作。

【业务处理过程】

(1) 在"畅捷通 T3——企业管理信息化软件教育专版"窗口中,单击【总账】|【凭证】|【恢复记账前状态】选项,打开该窗口,单击"2016 年 01 月初状态"前的单选按钮,如图 2-39 所示。

(2) 单击【确定】按钮,系统弹出"请输入主管口令"对话框。

(3) 输入主管口令"000000",单击【确认】按钮。

(4) 系统提示"恢复记账完毕!",如图 2-40 所示。

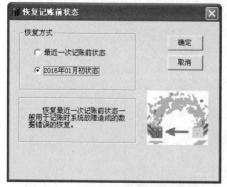
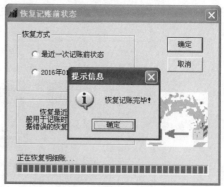

图 2-39 "恢复记账前状态"对话框　　　　图 2-40 恢复记账完毕

(5) 单击【确定】按钮返回。

【知识要点】

- 只有账套主管才有权限进行恢复到记账前状态的操作。
- 对于已结账的月份,不能恢复记账前状态。

2.5 期末业务

在电算化方式下的期末会计业务主要包括生成期末自动转账凭证、进行对账以及结账等。

【任务导入】

宏信公司的财务人员非常清楚企业在手工方式下,会计期末应该完成哪些期末业务处理,现在需要了解在电算化方式下,财务人员应该在系统中完成哪些重要的期末业务处理、应该掌握的知识要点有哪些,以及与手工方式下的会计业务处理相比较,电算化处理方式具有哪些优势。

【做中学】

任务 1:设置自定义转账凭证。

设置按期初固定资产原值的 5%计提固定资产折旧,并将折旧额计入"管理费用——

折旧费"的转账凭证中。

【业务处理过程】

(1) 在"畅捷通 T3——企业管理信息化软件教育专版"窗口中，单击【总账】|【期末】|【转账定义】|【自定义转账】，打开"自动转账设置"对话框，如图2-41所示。

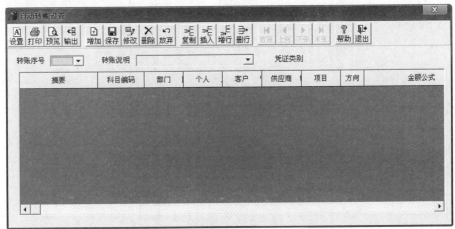

图 2-41 "自动转账设置"对话框

(2) 单击【增加】按钮，打开"转账目录"对话框，如图2-42所示。

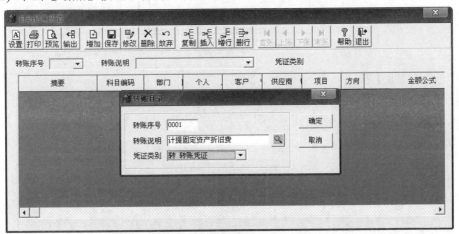

图 2-42 "转账目录"对话框

(3) 输入转账序号"0001"、转账说明"计提固定资产折旧费"，选择"凭证类别"下拉列表框中的"转 转账凭证"选项。

【知识要点】

- 转账序号是指自定义转账凭证的代号，转账序号不是凭证号，转账序号可以任意定义，但只能输入数字和字母，不能重号。
- 转账凭证号在执行自动转账时由系统生成，1张转账凭证对应1个转账序号。

(4) 在"转账目录"对话框中，单击【确定】按钮，返回到"自动转账设置"对话框。

(5) 输入科目编码"660204",双击"金额公式"栏,出现参照按钮,单击参照按钮,打开"公式向导"对话框,如图 2-43 所示。

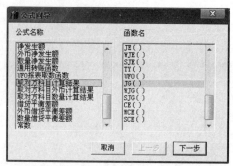

图 2-43 "公式向导"对话框

(6) 选择公式名称"取对方科目计算结果"或函数名"JG( )"。
(7) 单击【下一步】按钮,选择科目,如图 2-44 所示。

图 2-44 科目默认

(8) 单击【完成】按钮,返回,如图 2-45 所示。

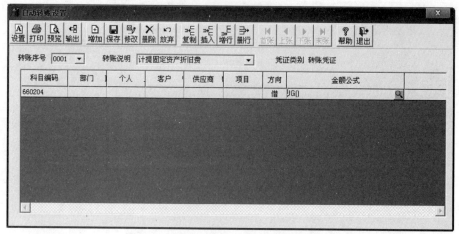

图 2-45 显示已输入的借方转账分录信息

【知识要点】
- 转账科目可以为非末级科目,部门可为空,表示所有部门。
- "JG()"函数定义时,如果科目默认,取对方所有科目的金额之和。

- 如果公式的表达式明确，可直接输入公式。

(9) 单击【增行】按钮，输入科目编码"1602"；单击"方向"中的下三角按钮，选择"贷"；双击"金额公式"栏，出现参照按钮，单击参照按钮，打开"公式向导"对话框，如图2-46所示。

图2-46 "公式向导"对话框

(10) 选择公式名称"期初余额"或函数名"QC( )"。

(11) 单击【下一步】按钮，输入或单击参照按钮选择科目"1601"，确定期间为"月"、方向为"借"。

(12) 选中"继续输入公式"复选框，再单击"*(乘)"单选按钮，对话框设置如图2-47所示。

(13) 单击【下一步】按钮，选择公式名称"常数"，系统显示如图2-48所示。

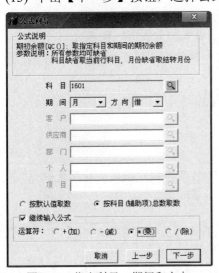

图2-47 指定科目、期间和方向

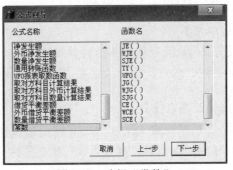

图2-48 选择"常数"

(14) 单击【下一步】按钮，输入常数为"0.05"，如图2-49所示。

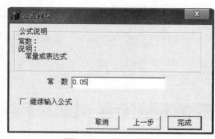

图 2-49 输入常数

(15) 单击【完成】按钮，返回"自动转账设置"对话框，如图 2-50 所示。

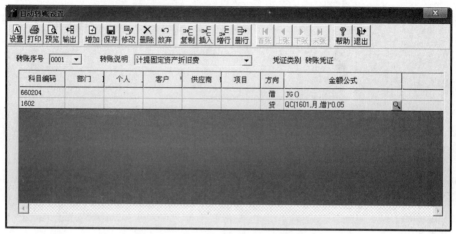

图 2-50 全部自定义转账凭证的内容

(16) 单击【保存】按钮，保存。

【知识要点】

- 输入公式时，如果公式的表达式不太明确，可采用向导方式输入金额公式。
- 在函数公式中，选择期初、期末时，方向一般为空，避免由于出现反向余额时发生取数错误。
- 可以直接在"金额公式"栏中输入公式、运算符号及常数。

【做中学】

任务 2：设置期间损益结转转账凭证。

设置将"期间损益"结转至"4103 本年利润"的结转期间损益的转账凭证。

【业务处理过程】

(1) 在"畅捷通T3——企业管理信息化软件教育专版"窗口中，单击【期末】|【转账定义】|【期间损益】，打开"期间损益结转设置"对话框。

(2) 选择"凭证类别"下拉列表框中的"转 转账凭证"选项，输入或单击参照按钮选择本年利润科目"4103"，如图 2-51 所示。

(3) 单击【确定】按钮。

图 2-51 "期间损益结转设置"对话框

【知识要点】
- 如果损益科目与本年利润科目都有辅助核算，则辅助账类必须相同。
- 本年利润科目必须为末级科目，且为本年利润入账科目的下级科目。

【做中学】
任务 3：生成计提固定资产折旧的转账凭证。
生成计提固定资产折旧的自定义转账凭证。

【业务处理过程】
(1) 在"畅捷通 T3——企业管理信息化软件教育专版"窗口中，单击【总账】|【期末】|【转账生成】，打开"转账生成"对话框。
(2) 选择"结转月份"下拉列表框中的"2016.01"。
(3) 单击"自定义转账"单选按钮。
(4) 在"是否结转"栏中双击，或单击【全选】按钮，如图 2-52 所示。

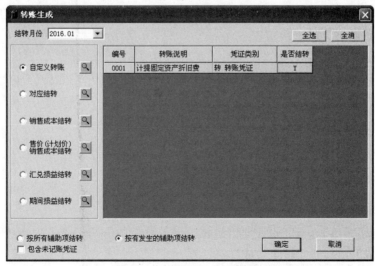

图 2-52 "转账生成"对话框

(5) 单击【确定】按钮，系统显示生成的转账凭证。
(6) 单击【保存】按钮，如图2-53所示。

图2-53 显示生成的转账凭证

(7) 系统自动将当前凭证追加到未记账凭证中，更换操作员为"YJ于靖"，将该凭证审核并记账。

【知识要点】
- 转账生成之前，提示转账月份为当前会计月份。
- 进行转账生成之前，请将相关经济业务的记账凭证登记入账。否则，必须在录入查询条件时选择"包含未记账凭证"才能查询到完整的数据资料。
- 若凭证类别、制单日期和附单据数与实际情况有出入，可直接在当前凭证上进行修改，然后再保存。
- 转账凭证每月只生成一次。
- 在生成凭证时必须按业务发生的先后次序，否则，计算金额时就会产生错误。
- 生成的转账凭证，仍需审核后才能记账。

【做中学】
任务4：生成结转期间损益的转账凭证。
生成结转2016年1月期间损益的转账凭证。

【业务处理过程】
(1) 在"畅捷通T3——企业管理信息化软件教育专版"窗口中，单击【总账】|【期末】|【转账生成】，打开"转账生成"对话框。
(2) 选择"结转月份"下拉列表框中的"2016.01"。

(3) 单击"期间损益结转"单选按钮。

(4) 单击【全选】按钮。

(5) 单击【确定】按钮，系统显示生成的转账凭证，如图 2-54 所示。

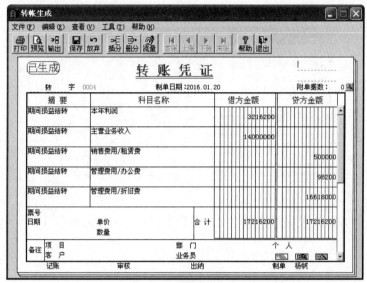

图 2-54　自动生成的期间损益的转账凭证

(6) 单击【文件】|【重新注册】，更换操作员为"YJ 于靖"，将已生成的结转期间损益的转账凭证审核并记账。

【做中学】

任务 5：对账。

将 2016 年 1 月份的业务进行对账。

【业务处理过程】

(1) 在"畅捷通 T3——企业管理信息化软件教育专版"窗口中，单击【总账】|【期末】|【对账】，打开"对账"对话框，如图 2-55 所示。

图 2-55　"对账"对话框

(2) 将光标定在要进行对账的月份，如"2016.01"，单击【选择】按钮或双击"是否对账"栏。

(3) 单击【对账】按钮，开始自动对账，并显示对账结果。

(4) 单击【试算】按钮，可以对各科目类别余额进行试算平衡，如图2-56所示。

图2-56 试算平衡表

(5) 单击【确认】按钮返回，再单击【退出】按钮，完成对账工作。

【做中学】
任务6：了解结账功能。
了解结账功能，暂不结账。

【业务处理过程】

(1) 在"畅捷通T3——企业管理信息化软件教育专版"窗口中，单击【总账】|【期末】|【结账】，或直接单击桌面上的月末结账图标，打开"结账——开始结账"对话框，如图2-57所示。

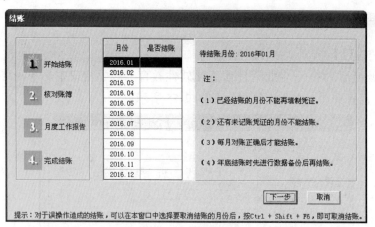

图2-57 开始结账

(2) 单击要结账的月份"2016.01"。

(3) 单击【下一步】按钮，打开"结账——核对账簿"对话框。

(4) 单击【对账】按钮，系统对要结账的月份进行账账核对，如图2-58所示。

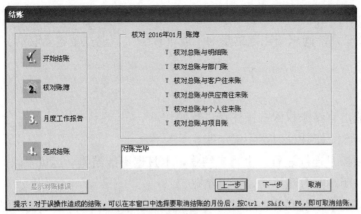

图 2-58 显示对账结果

(5) 单击【下一步】按钮,打开"结账——月度工作报告"对话框,如图 2-59 所示。

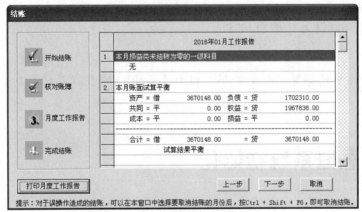

图 2-59 月度工作报告

(6) 若需打印,单击【打印月度工作报告】按钮。

(7) 查看工作报告,单击【下一步】按钮,打开"结账——完成结账"对话框,如图 2-60 所示。

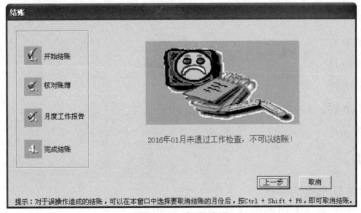

图 2-60 完成结账

(8) 由于此时未通过工作检查，还不能进行结账，原因是 101 账套启用的工资管理系统和固定资产管理系统尚未结账，总账则不能进行结账。现在单击【取消】按钮暂时不进行结账的操作。

【知识要点】
- 结账只能由有结账权限的操作员进行操作。
- 本月还有未记账凭证时，不能结账。
- 结账必须按月连续进行，上月未结账，本月也不能结账，但可以填制和审核凭证。
- 若总账与明细账对账不符，不能结账。
- 如果与其他子系统联合使用时，其他子系统未全部结账，本系统不能结账。
- 已结账月份不能再填制凭证。
- 结账前要进行数据备份，在结账的过程中，可以单击【取消】按钮取消正在进行的结账操作。
- 取消结账功能键为 Ctrl+Shift+F6。

提示：
操作至此的结果已备份到光盘中的"111 账套备份\(3)已完成总账业务处理备份"文件夹中。

实验三 总账系统初始化

【实验准备】

已经完成了实验二的操作。可以引入光盘中的"333 账套备份/333-2"。将系统日期修改为"2016 年 1 月 31 日"，由操作员"CL(密码：001)"注册进入"畅捷通 T3——企业管理信息化软件教育专版"系统。

【实验要求】

1. 设置系统参数。
2. 设置会计科目。
3. 设置凭证类别。
4. 输入期初余额。
5. 设置结算方式。

【实验资料】

1. 333 账套总账系统的参数
不允许修改、作废他人填制的凭证。

2. 会计科目

(1) "1001 库存现金"为现金总账科目、"1002 银行存款"为银行总账科目。

(2) 增加会计科目(见表 2-2)

表 2-2 增加会计科目

科 目 编 码	科 目 名 称	辅助账类型
100201	工行存款	日记账、银行账
122101	应收职工借款	个人往来
222101	应交增值税	
22210101	进项税额	
22210102	销项税额	
22210103	未交增值税	
500101	甲产品	
500102	乙产品	
660201	办公费	部门核算
660202	差旅费	部门核算
660203	工资	部门核算
660204	折旧费	

(3) 修改会计科目

"1122 应收账款"科目辅助账类型为"客户往来";"2202 应付账款"科目辅助账类型为"供应商往来"。

3. 凭证类别(见表 2-3)

表 2-3 凭证类别

类 别 名 称	限 制 类 型	限 制 科 目
收款凭证	借方必有	1001, 1002
付款凭证	贷方必有	1001, 1002
转账凭证	凭证必无	1001, 1002

4. 期初余额

库存现金:15 000(借)

工行存款:185 000(借)

应收职工借款——李慧:10 000(借)(出差借款)

库存商品:60 000(借)

短期借款:50 000(贷)

实收资本:220 000(贷)

5. 结算方式

结算方式包括现金结算、现金支票结算、转账支票结算及银行汇票结算。

实验四　总账系统日常业务处理

【实验准备】

已经完成了实验三的操作。可以引入光盘中的"333 账套备份/333-3"。将系统日期修改为"2016 年 1 月 31 日",由操作员"CL(密码:001)"注册,进入"畅捷通 T3——企业管理信息化软件教育专版"系统。

【实验要求】

1. 操作员分工

由操作员"CL"设置常用摘要、常用凭证,审核凭证;由操作员"WJ"填制凭证、查询凭证及记账;由"LDW"进行出纳签字。

2. 依次完成如下工作任务

(1) 填制凭证。

(2) 审核凭证。

(3) 出纳签字。

(4) 将第 2 号付款凭证的金额修改为 1 000 元。

(5) 删除第 1 号收款凭证并整理断号。

(6) 设置常用摘要和常用凭证。

(7) 记账。

(8) 查询已记账的第 1 号转账凭证。

(9) 冲销第 1 号付款凭证,并进行出纳签字、审核、记账。

【实验资料】

1. 常用摘要(见表 2-4)

表 2-4　常用摘要

摘 要 编 码	摘 要 内 容
1	报销办公费
2	发工资
3	出差借款

2. 2016年1月发生如下经济业务

(1) 1月8日，以现金支付办公费800元。

　　借：管理费用——办公费(660201)(财务部)　　　800
　　　　贷：库存现金(1001)　　　　　　　　　　　　800

(2) 1月8日以工行存款1 300元支付销售部修理费。

　　借：销售费用(6601)　　　　　　　　　　　　　1 300
　　　　贷：银行存款——工行存款(100201)(转账支票1122)　1 300

(3) 1月12日，销售给光线公司库存商品一批，货税款70 200元(货款60 000元，税款10 200元)尚未收到。

　　借：应收账款(1122)(光线公司)　　　　　　　70 200
　　　　贷：主营业务收入(6001)　　　　　　　　　60 000
　　　　　　应交税费——应交增值税——销项税额(22210102)　10 200

(4) 1月22日，收到李慧偿还的借款7 000元。

　　借：库存现金(1001)　　　　　　　　　　　　　7 000
　　　　贷：其他应收款——应收职工借款——李慧(122101)　7 000

(5) 1月22日，销售给三合公司库存商品一批，货税款19 871.28元(货款16 984元，税款2 887.28元)，收到面值为19 871.28元的转账支票一张(No.4567)。

　　借：银行存款——工行存款(100201)　　　　　19 871.28
　　　　贷：主营业务收入(6001)　　　　　　　　　16 984
　　　　　　应交税费——应交增值税——销项税额(22210102)　2 887.28

(6) 1月22日，以转账支票(No.1123)5 320元支付生产车间设备修理费。

　　借：制造费用(5101)　　　　　　　　　　　　　5 320
　　　　贷：银行存款——工行存款(100201)　　　　5 320

3. 常用凭证

摘要：从工行提现金。凭证类别：付款凭证。科目编码：1001和100201。

实验五　出纳管理

【实验准备】

已经完成了实验四的操作。可以引入光盘中的"333 账套备份\333-4"。将系统日期修改为"2016年1月31日"，由操作员"CL(密码：001)"注册，进入"畅捷通T3——企业管理信息化软件教育专版"系统。

【实验要求】

1. 查询日记账。
2. 查询资金日报表。

3. 银行对账。

【实验资料】

1. 银行对账期初数据

企业日记账余额为 185 000 元，银行对账单期初余额为 200 000 元，有银行已收而企业未收的未达账(2015 年 12 月 20 日)15 000 元。

2. 2016 年 1 月银行对账单(见表 2-5)

表 2-5　银行对账单

日　　期	结算方式	票　　号	借方金额	贷方金额	余　　额
2016.01.08	转账支票	1122		1 000	199 000
2016.01.22	转账支票	1234	6 000		205 000
2016.01.22	转账支票	4567	19 871.28		224 871.28

实验六　总账期末业务处理

【实验准备】

已经完成了实验五的操作。可以引入光盘中的"333 账套备份\333-5"。将系统日期修改为"2016 年 1 月 31 日"，由操作员"CL(密码：001)"注册进入"畅捷通 T3——企业管理信息化软件教育专版"系统。

【实验要求】

1. 定义转账分录。
2. 生成机制凭证。
3. 审核凭证并记账。

【实验资料】

(1) 将"制造费用"发生额中的 30%结转至"生产成本——甲产品"，70%结转至"生产成本——乙产品"(建议采用"对应结转"的方法)。

(2) 将"期间损益"转入"本年利润"。

实验七　账簿管理

【实验准备】

已经完成了实验六的操作。可以引入光盘中的"333 账套备份\333-6"。将系统日期修改为"2016 年 1 月 31 日",由操作员"CL(密码:001)"注册进入"畅捷通 T3——企业管理信息化软件教育专版"系统。

【实验要求】

1. 查询"6601 销售费用"3 栏式总账,并查询明细账及第 2 号付款凭证。
2. 查询余额表并查询专项资料。
3. 查询"6602 管理费用"明细账。
4. 定义"6602 管理费用"多栏账。
5. 查询部门总账。

第 3 单元

报表管理

【学习目标】

知识目标
掌握财务报表格式设计的内容、作用和设计方法；掌握财务报表数据处理的方法。

能力目标
能够灵活地根据实际工作的需要设计各种报表，并生成报表数据；能够熟练地利用报表模板生成报表数据。

3.1 报表管理系统初始化

报表管理系统初始化主要是设计会计报表的格式。设计报表格式主要包括设计报表表样、单元类型、单元风格及设置单元计算公式等内容。

【任务导入】
宏信公司已经使用畅捷通 T3——企业管理信息化软件教育专版完成了系统初始化、总账系统填制凭证、出纳签字、审核凭证、记账和期末业务处理的操作。但无论是手工操作还是计算机操作，企业到会计期末都要编制会计报表，现在需要了解在电算化方式下，应如何完成会计报表的编制，应该掌握的知识要点有哪些。

【做中学】
任务 1：增加 1 张表并设置表的尺寸。
设置报表尺寸为 12 行，6 列。

【业务处理过程】
(1) 在"畅捷通 T3——企业管理信息化软件教育专版"窗口中，单击"财务报表"，打开"用友通——财务报表"窗口，如图 3-1 所示。

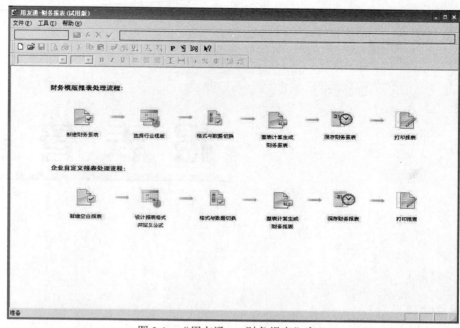

图 3-1 "用友通——财务报表"窗口

(2) 单击【文件】|【新建】,或单击"新建"图标 ,建立 1 张新的报表,如图 3-2 所示。

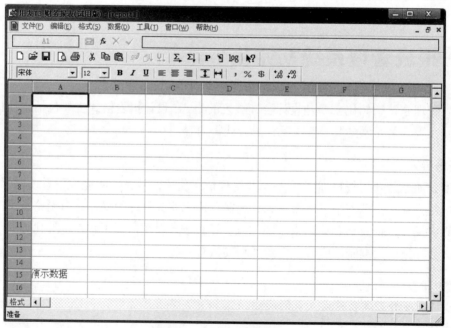

图 3-2 新增 1 张报表

【知识要点】

- 建立新表后,将得到 1 张系统默认格式的空表,报表名默认为"report1.rep"。

- 空白报表建好之后，里面没有任何内容，所有单元的类型均默认为数值单元。
- 新报表建立后，默认的状态栏为格式状态。

(3) 单击【格式】|【表尺寸】，打开"表尺寸"对话框，如图 3-3 所示。

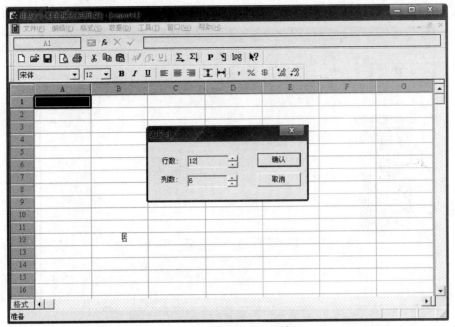

图 3-3 "表尺寸"对话框

(4) 直接输入或单击"行数"文本框的微调按钮选择"12"，"列数"文本框的微调按钮选择"6"。

(5) 单击【确认】按钮。

【知识要点】
- 系统默认新增报表的表尺寸为 12 行，6 列。
- 报表的尺寸设置完成后，还可以单击【格式】菜单中的【插入】或【删除】选项，来增加或减少行和列，对报表大小进行调整。

【做中学】
任务 2：设置报表的行高和列宽并设置表格线。

定义报表第 1 行行高为 12mm，第 2~12 行的行高为 8mm；定义第 1 列(A 列)和第 4 列(D 列)列宽为 44mm，第 2 列(B 列)、第 3 列(C 列)、第 5 列(E 列)和第 6 列(F 列)列宽为 20mm；将 A4:F12 加上网线。

【业务处理过程】
(1) 将光标移动到 A1 单元，单击并拖动鼠标至 F1 单元(即选中第 1 行)，单击【格式】|【行高】，打开"行高"对话框。

(2) 直接输入或单击"行高"文本框的微调按钮选择"12"，单击【确认】按钮。

(3) 选中第 2~12 行，单击【格式】|【行高】，打开"行高"对话框，直接输入或选择"8"，单击【确认】按钮。

(4) 将光标移至 A1 单元，单击并拖动鼠标至 A12 单元(即选中第 1 列)，单击【格式】|【列宽】，打开"列宽"对话框，如图 3-4 所示。

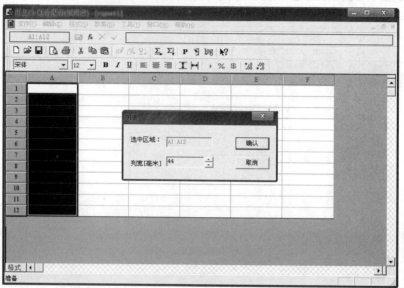

图 3-4 "列宽"对话框

(5) 直接输入或单击"列宽"文本框的微调按钮选择"44"，单击【确认】按钮。
(6) 用同样的方法继续设置其他列的列宽。
(7) 将光标移动到 A4 单元，单击并拖动鼠标至 F12 单元，选择需要画线的区域 A4:F12。
(8) 单击【格式】|【区域画线】，打开"区域画线"对话框，如图 3-5 所示。

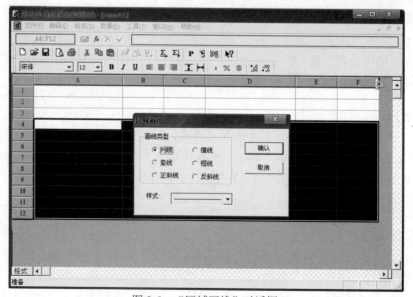

图 3-5 "区域画线"对话框

(9) 单击"网线"单选按钮,确定画线的类型和样式。
(10) 单击【确认】按钮。

【知识要点】
- 行高和列宽的定义,可以通过菜单操作,也可以直接利用鼠标拖动某行或某列来调整行高和列宽。
- 画好的表格线在格式状态下变化并不明显。操作完以后可以在数据状态下查看效果。

【做中学】
任务 3:设置组合单元。
将单元 A1:F1 组合成一个单元。

【业务处理过程】
(1) 将光标移动到 A1 单元,单击并拖动鼠标至 F1 单元,选择需要合并的区域 A1:F1。
(2) 单击【格式】|【组合单元】,打开"组合单元"对话框,如图 3-6 所示。

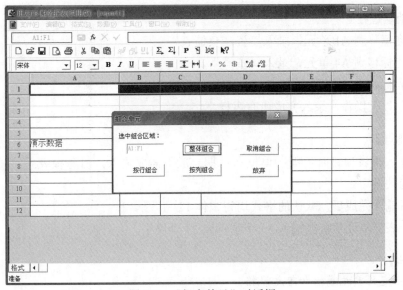

图 3-6 "组合单元"对话框

(3) 单击【按行组合】或单击【整体组合】按钮。

【知识要点】
- 组合单元可以用该区域名或者区域中的任一单元名来加以表示。
- 组合单元实际上就是一个大的单元,所有针对单元的操作对组合单元均有效。
- 若要取消所定义的组合单元,可以在"组合单元"对话框中,单击【取消组合】按钮来实现。

【做中学】

任务 4：输入表间项目。

根据表 3-1 所示的表样录入表样文字。

表 3-1　输入表间项目

	A	B	C	D	E	F
1	资产负债表					
2						
3						
4	资产	期末余额	年初余额	负债及所有者权益	期末余额	年初余额
5	一、流动资产					
6	货币资金					
7	应收账款					
8	应收票据					

【业务处理过程】

(1) 将光标移到 A1 单元，录入"资产负债表"。

(2) 将光标移到 A4 单元，录入"资产"。

(3) 将光标移到 A5 单元，录入"一、流动资产"。

(4) 重复以上操作，录入完成所有表样文字。

【知识要点】

- 在输入报表项目时，编制单位和日期一般不需要输入，财务报表系统将其单独设置为关键字。
- 项目输入完成后，默认的格式均为宋体 12 号，居左。
- 一个表样单元最多能输入 63 个字符或 31 个汉字，允许换行显示。

【做中学】

任务 5：定义单元属性和单元风格。

分别将区域 B6:C12 和 E6:F12，设置为数值型的单元类型和逗号的数字格式。

设置"资产负债表"的字体为宋体、字形为粗体、字号 14、水平方向和垂直方向居中。设置"资产""期末余额""年初余额""负债及所有者权益""期末余额""年初余额"的字体为宋体、字形为斜体、字号 14、水平方向和垂直方向居中。

【业务处理过程】

(1) 将光标移到 B6 单元格，单击并拖动鼠标至 C12 单元(即选中 B6:C12)，单击【格式】|【单元属性】，打开"单元格属性"对话框，如图 3-7 所示。

(2) 单击"单元类型"中的"数值"单选按钮，选中"格式"中的"逗号"复选框。

(3) 单击【确认】按钮。用同样的方法继续设置 E6:F12 的单元属性。

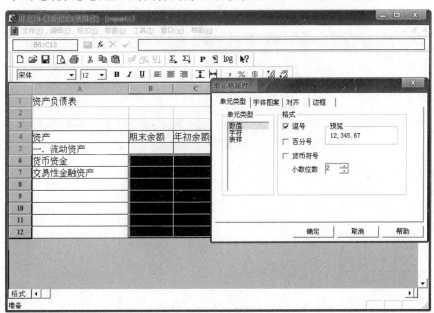

图 3-7 "单元格属性"对话框

【知识要点】
● 报表新建时，所有单元的单元属性均默认为数值型。
● 格式状态下，输入的内容均默认为"表样"单元。

(4) 将光标移到 A1 单元单击(即"资产负债表"所在单元)，单击【格式】|【单元属性】，打开"单元格属性"对话框，选择"字体图案"页签。

(5) 选择"字形"下拉列表框中的"粗体"选项，选择"字号"下拉列表框中的"14"，如图 3-8 所示。

图 3-8 设置"字体图案"选项卡

(6) 选择"对齐"页签，单击"水平方向"的"居中"单选按钮及"垂直方向"的"居中"单选按钮，如图 3-9 所示。

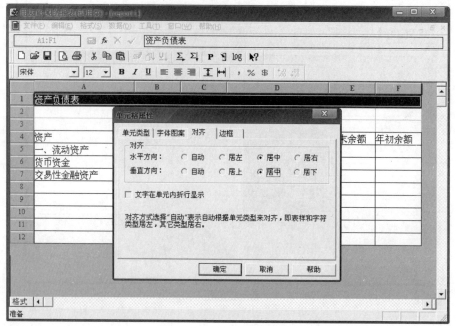

图 3-9　设置对齐方式

(7) 单击【确定】按钮。

(8) 将光标移到 A4 单元(即"资产"所在单元)，单击并拖动鼠标至 F4 单元，即用鼠标选中 A4:F4。

(9) 单击【格式】|【单元属性】，打开"单元格属性"对话框，单击"字体图案"页签。

(10) 选择"字形"下拉列表框中的"斜体"选项，选择"字号"下拉列表框中的"14"选项，单击"水平方向"的"居中"单选按钮及"垂直方向"的"居中"单选按钮。

(11) 单击【确定】按钮。

【做中学】
任务 6：设置关键字。
在 A3 单元中定义"单位名称"，在 D3 单元中定义"年"。

【业务处理过程】
(1) 将光标移到 A3 单元后单击，单击【数据】|【关键字】|【设置】，打开"设置关键字"对话框，如图 3-10 所示。

(2) 单击"单位名称"单选按钮，单击【确定】按钮，完成 A3 单元关键字的设置。

(3) 将光标移到 D3 单元后单击，单击【数据】|【关键字】|【设置】，打开"设置关键字"对话框。

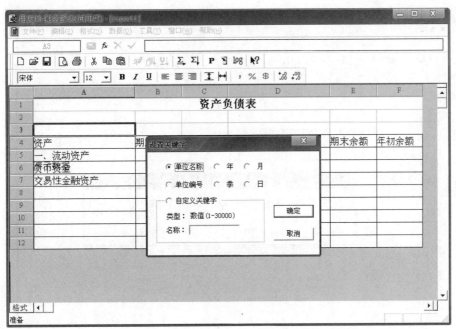

图 3-10 "设置关键字"对话框

(4) 单击"年"单选按钮,单击【确定】按钮,完成 D3 单元关键字的设置。

【知识要点】
- 关键字在格式状态下定义,关键字的值则在数据状态下录入。
- 每张报表可以同时定义多个关键字。
- 关键字如年和月等会随同报表数据一起显示,在定义关键字时既要考虑编制报表的需要,又要考虑打印的需要。
- 如果关键字的位置设置错误,可以执行【数据】|【关键字】|【取消】命令,取消后再重新设置。
- 关键字在一张报表中只能定义一次,即同一张报表中不能有重复的关键字。

【做中学】
任务 7:定义单元公式。
直接输入 B6 单元的"货币资金"和"期末余额"的计算公式。
使用"函数向导"录入 C7 单元(即应收账款"年初余额"单元)公式。

【业务处理过程】
(1) 将光标移动到 B6 单元后单击。
(2) 单击【数据】|【编辑公式】|【单元公式】,打开"定义公式"对话框。
(3) 直接输入总账期末函数公式 " QM("1001",月,,,年,,)+QM("1002",月,,,年,,)+QM("1012",月,,,年,,) ",如图 3-11 所示。

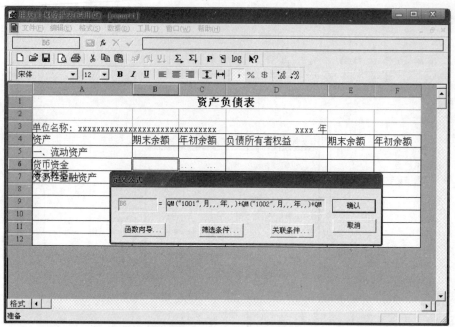

图 3-11 "定义公式"对话框

(4) 单击【确认】按钮。

【知识要点】
- 单元公式在输入时，凡是涉及数学符号和标点符号的均须输入英文半角字符。否则，系统将认为公式输入错误而不能被保存。
- 单元公式可以直接录入也可以参照录入。

(5) 将光标移动到 C7 单元后单击。

(6) 单击【数据】|【编辑公式】|【单元公式】，打开"定义公式"对话框。

(7) 单击【函数向导】按钮，打开"函数向导"对话框。

(8) 选择"函数分类"中的"用友账务函数"和"函数名"中的"期初(QC)"，如图 3-12 所示。

(9) 单击【下一步】按钮，打开"用友账务函数"对话框，如图 3-13 所示。

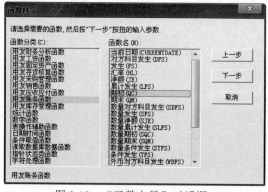

图 3-12 "函数向导"对话框

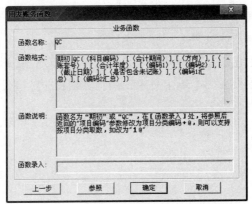

图 3-13 "用友账务函数"对话框

(10) 单击【参照】按钮,打开"账务函数"对话框,如图 3-14 所示。

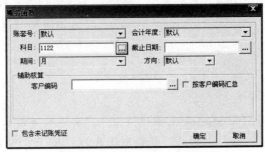

图 3-14 "账务函数"对话框

(11) 单击"科目"栏右侧的【…】按钮,选择"1122 应收账款"选项。

(12) 单击【确定】按钮。

【知识要点】
- 账套号和会计年度如果选择默认,以后在选择取数的账套时,需要进行账套初始工作。如果直接输入,则不需再进行账套初始。
- 如果输入的会计科目有辅助核算,还可以输入相关辅助核算内容。如果没有辅助核算,则"辅助核算"选择区呈灰色,不可输入。

【做中学】
任务 8:保存报表。
将报表文件保存为"资产负债表"。

【业务处理过程】
(1) 在格式设计状态下,单击【文件】|【保存】(或者按 Ctrl+S 键),打开"保存为"对话框。
(2) 在"文件名"文本框中输入"资产负债表"。
(3) 单击【保存】按钮。

【知识要点】
- ".REP"为畅捷通报表文件专用扩展名。
- 如果没有保存就退出,系统将弹出"是否保存报表?"提示对话框。
- 会计报表的管理主要应用于每个月末使用报表模板生成会计报表时。

3.2 报表模板

【任务导入】

宏信公司是一般纳税人,执行企业会计准则,按照国家规定企业要按时报送相应的会计报表。通过对软件的了解及软件实施工程师的介绍,会计人员已经有所了解。因为这些报表具有相同的格式、项目内容及数据来源,所以在系统中预置了报表模板,会计人员只需要调用报表模板即可生成相应的会计报表。那么应该如何使用报表模板生成会计报表呢?以及应该掌握哪些知识点呢?

【做中学】

任务1:生成资产负债表。

调用"一般企业(2007年新会计准则)模板",生成"宏信股份有限公司"111账套2016年1月份的"资产负债表"和"利润表"并分别保存为".REP"格式和"*.XLS"格式。

【业务处理过程】

(1) 在财务报表窗口中,单击【文件】|【新建】,打开"新建"对话框。

(2) 在左侧的"模板分类"栏中,单击选中"一般企业(2007年新会计准则)",在右侧的"一般企业(2007年新会计准则)模板"栏中选中"资产负债表",如图3-15所示。

(3) 单击【确定】按钮,打开"资产负债表"(格式状态)窗口。

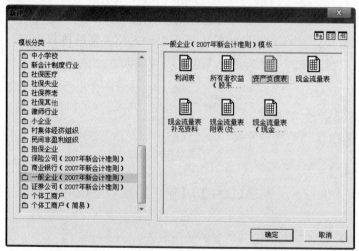

图3-15 在"新建"对话框中显示的模板内容

(4) 系统弹出"模板格式将覆盖本表格式！是否继续？"提示信息，单击【确定】按钮，出现如图 3-16 所示。

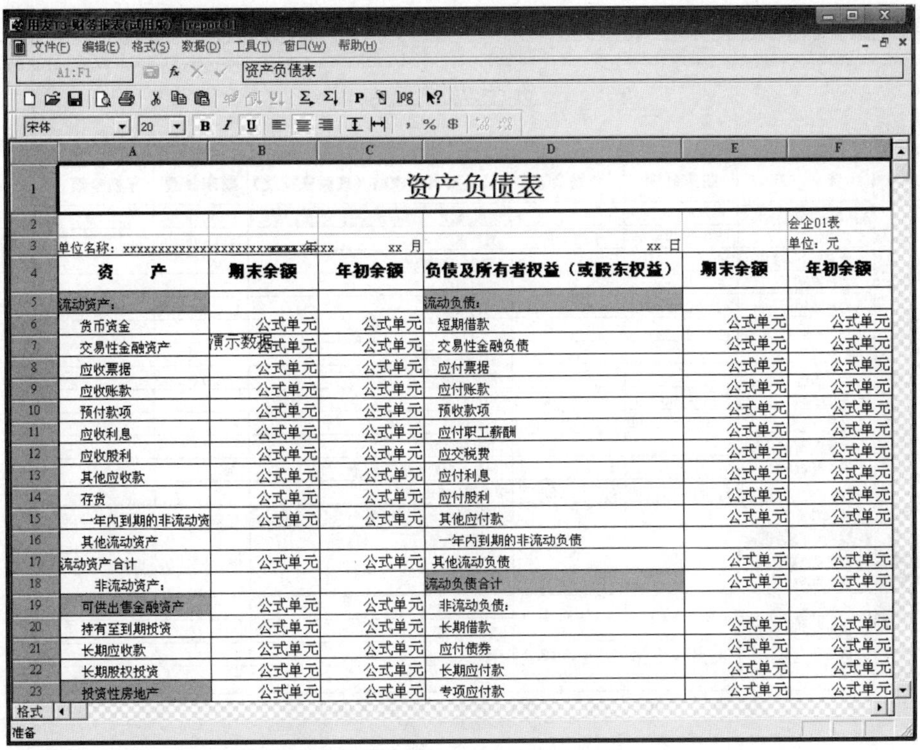

图 3-16 调用的"资产负债表"模板

(5) 将 E34 的计算公式修改为"QM("4104",月,,,年,,)+ QM("4103",月,,,年,,)"，如图 3-17 所示。

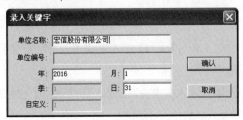

图 3-17 "定义公式"对话框

(6) 单击左下角的【格式】按钮，进入资产负债表的数据状态。
(7) 单击【数据】|【关键字】|【录入】，打开"录入关键字"对话框，如图 3-18 所示。

图 3-18 "录入关键字"对话框

(8) 单击【确认】按钮，出现“是否重算第 1 页”的提示。

(9) 单击【是】按钮，生成了资产负债表的数据，如图 3-19 所示。

	A	B	C	D	E	F
1	资产负债表					
2						会企01表
3	单位名称：宏信股份有限公司 2016 年		1 月	31 日		单位：元
4	资　产	期末余额	年初余额	负债及所有者权益（或股东权益）	期末余额	年初余额
5	流动资产：			流动负债：		
6	货币资金	678, 028. 00	566, 010. 00	短期借款	800, 000. 00	800, 000. 00
7	交易性金融资产			交易性金融负债		
8	应收票据			应付票据		
9	应收账款	304, 200. 00	257, 400. 00	应付账款	194, 220. 00	182, 520. 00
10	预付款项			预收款项		
11	应收利息			应付职工薪酬		
12	应收股利			应交税费	22, 100. 00	
13	其他应收款	演示数据[illegible]00. 00	8, 000. 00	应付利息		
14	存货	379, 522. 00	369, 522. 00	应付股利		
15	一年内到期的非流			其他应付款		
16	其他流动资产			一年内到期的非流动负债		
17	流动资产合计	1, 368, 750. 00	1, 200, 932. 00	其他流动负债		
18	非流动资产：			流动负债合计	###########	982, 520. 00
19	可供出售金融资产			非流动负债：		
20	持有至到期投资			长期借款	685, 990. 00	685, 990. 00
21	长期应收款			应付债券		
22	长期股权投资			长期应付款		
23	投资性房地产			专项应付款		
24	固定资产	2, 301, 398. 00	2, 467, 578. 00	预计负债		

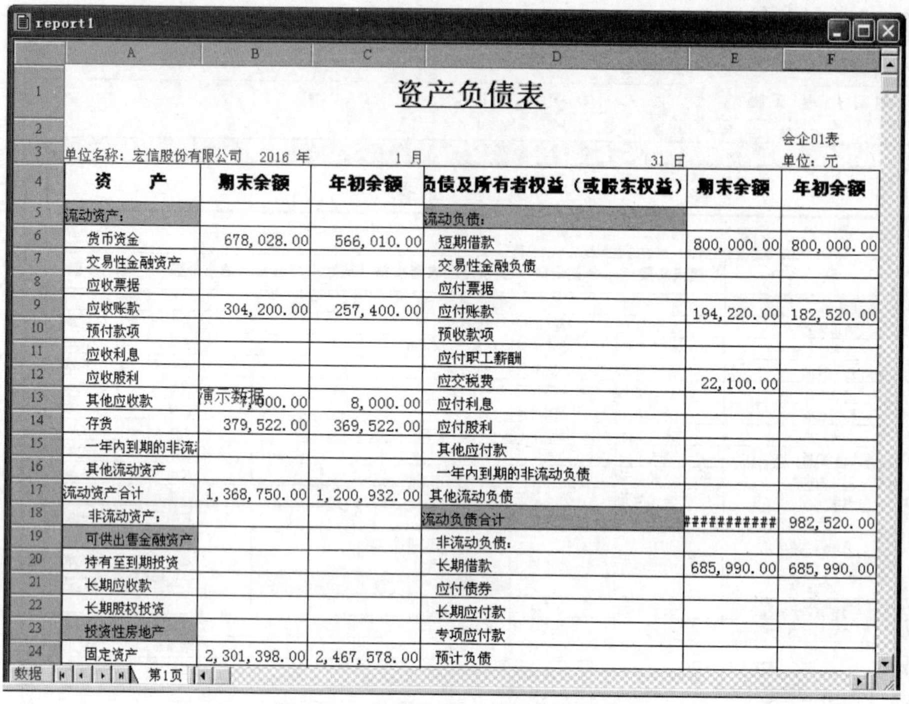

图 3-19　生成数据后的资产负债表

(10) 单击【文件】|【另存为】，打开“保存为”对话框。

(11) 在“文件名”文本框中录入文件名“资产负债表”。如图 3-20 所示。

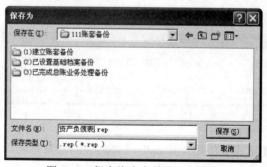

图 3-20　保存资产负债为.rep 格式

(12) 单击【保存】按钮。

(13) 单击【文件】|【生成 Excel】，打开“生成 Excel”对话框。

(14) 单击【生成】按钮。

(15) 在“文件名”文本框中录入文件名“资产负债表”，如图 3-21 所示。

(16) 单击【保存】按钮。

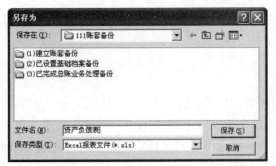

图 3-21　保存资产负债为.xls 格式的 Excel 报表格式文件

【知识要点】

- 利用模板文件生成财务数据之前，要保证所有的凭证都已经记账。
- 生成资产负债表之前，要保证对工资和固定资产模块传递到总账模块的凭证上相关科目的数据已进行对应结转和期间损益结转，否则，资产负债表不平衡。

(17) 以此方法继续生成“利润表”，如图 3-22 所示。

利润表

项　　目	本期金额	上期金额
单位名称：宏信股份有限公司	2016 年 1 月	会企02表 单位：元
一、营业收入	140000.00	
减：营业成本		
营业税金及附加		
销售费用	5,000.00	
管理费用	167,162.00	
财务费用		
资产减值损失		
加：公允价值变动收益（损失以"-"填列）		
投资收益（损失以"-"填列）		
其中：对联营企业和合营企业的投资收益		
二、营业利润（亏损以"-"号填列）	-32,162.00	
加：营业外收入		
减：营业外支出	演示数据	
其中：非流动资产处置损失		
三、利润总额（亏损总额以"-"号填列）	-32,162.00	
减：所得税费用		
四、净利润（净亏损以"-"号填列）	-32,162.00	
五、每股收益：		
（一）基本每股收益		
（二）稀释每股收益		

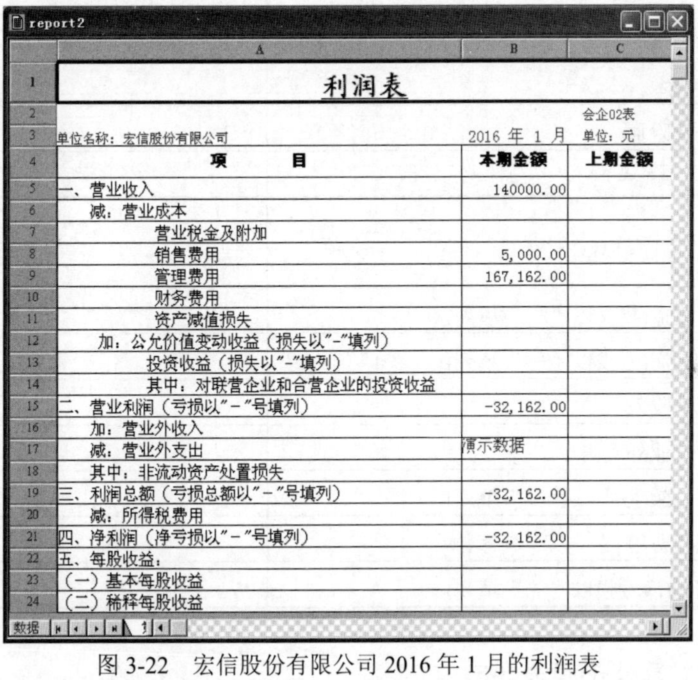

图 3-22　宏信股份有限公司 2016 年 1 月的利润表

实验八　报表格式设计

【实验准备】

已经完成了实验七的操作。可以引入光盘中的“333 账套备份\333-7”。将系统日期修改为"2016年1月31日",由操作员"CL(密码:001)"注册进入"畅捷通T3——企业管理信息化软件教育专版"系统。

【实验要求】

1. 设计简易的"利润表"格式。
2. 按"一般企业(2007年新会计准则)"设计利润表的计算公式。
3. 保存报表格式至"我的文档"的"333账套\2016年1月份利润表"中。

【实验资料】

1. 表样内容(见表3-2)

表3-2　表样内容

1	利　润　表	
2	编制单位:	年　　月
3	项　　目	本　期　金　额
4	一、营业收入	
5	减:营业成本	
6	营业税金及附加	
7	销售费用	
8	管理费用	
9	财务费用	
10	加:投资收益(损失以"-"填列)	
11	二、营业利润(亏损以"-"填列)	
12	加:营业外收入	
13	减:营业外支出	
14	三、利润总额(亏损以"-"填列)	
15	减:所得税费用	
16	四、净利润(净亏损以"-"填列)	

2. 报表中的计算公式(见表3-3)

表3-3　报表中的计算公式

位　　置	单　元　公　式
B4	FS("6001",月,"贷",,年)+FS("6051",月,"贷",,年)
B5	FS("6401",月,"借",,年)+FS("6402",月,"借",,年)
B6	FS("6403",月,"借",,年)
B7	FS("6601",月,"借",,年)

(续表)

位　　置	单元公式
B8	FS("6602",月,"借",,年)
B9	FS("6603",月,"借",,年)
B10	FS("6111",月,"借",,年)
B11	B4－B5－B6－B7－B8－B9+B10
B12	FS("6301",月,"贷",,年)
B13	FS("6711",月,"借",,年)
B14	B11+B12－B13
B15	FS("6801",月,"借",,年)
B16	B14－B15

实验九　报表数据处理

【实验准备】

已经完成了实验八的操作。可以引入"我的文档"中的"333 账套\2016 年 1 月份利润表"。将系统日期修改为"2016 年 1 月 31 日",由操作员"CL"注册进入"畅捷通 T3——企业管理信息化软件教育专版"系统。

【实验要求】

1. 生成"333 账套\2016 年 1 月份利润表"数据。
2. 分别将"333 账套\2016 年 1 月份利润表"保存为"*.rep"格式和"*.xls"表格式。

【实验资料】

(1) 编制单位为"一利股份有限公司"。
(2) 编制时间为"2016 年 1 月"。

实验十　利用报表模板生成报表

【实验准备】

已经完成了实验六的操作。可以引入光盘中的"333 账套备份\333-6"。将系统日期修改为"2016 年 1 月 31 日",由操作员"CL(密码:001)"注册进入"系统管理"模块。

【实验要求】

1. 按"一般企业(2007年新会计准则)"生成333账套1月份的"资产负债表"。
2. 保存"资产负债表"到"我的文档"中。

【实验资料】

(1) 单位名称为"一利股份有限公司"。
(2) 编制时间为"2016年1月"。

综合实验一

一、初始资料设置

(一) 系统管理

1. 操作员及其权限(见表3-4)

表3-4 操作员及其权限

编号	姓名	口令	权限
C01	学生姓名	无	账套主管的全部权限
C02	赵晓春	无	总账系统的全部权限
C03	张燕	无	总账和现金管理系统的全部权限
C04	陈旭	无	工资管理系统的全部权限
C05	李宏	无	固定资产系统的全部权限

2. 账套信息

账套号：学生学号(后3位)

账套名称：学生姓名

账套路径：默认

单位名称：学生姓名

单位简称：学生姓名

单位地址：北京市海淀区学院路88号

法人代表：徐然

邮政编码：100066

税号：10001111199999

启用会计期：2016年1月

会计期间设置：2016年1月1日至2016年12月31日

记账本位币：人民币(RMB)

企业类型：工业

行业性质：2007年新会计准则

账套主管：学生姓名

基础信息：对客户、供应商进行分类，有外币核算

分类编码方案如下。

科目编码级次：4222

客户分类编码级次：123

供应商分类编码级次：123

部门编码级次：122

结算方式编码级次：12

小数位数：均为2位

3. 系统启用

建账完成后，立即启用总账、工资和固定资产模块，启用日期为2016年1月1日。

(二) 基础设置

1. 部门档案(见表3-5)

表3-5　部门档案

部门编码	部门名称
1	行政部
2	财务部
3	人事部
4	业务部
401	采购部
402	销售部
5	生产部

2. 职员档案(见表3-6)

表3-6　职员档案

职员编码	职员姓名	所属部门
01	陈飞	行政部
02	郝平	行政部
03	学生姓名	财务部
04	赵晓春	财务部

(续表)

职员编码	职员姓名	所属部门
05	张燕	财务部
06	李宏	财务部
07	陈旭	人事部
08	张晓	采购部
09	江珊	销售部
10	赵磊	生产部
11	李建	生产部

3. 客户分类(见表 3-7)

表 3-7 客户分类

类别编码	类别名称
1	省内
2	省外

4. 客户档案(见表 3-8)

表 3-8 客户档案

客户编码	客户简称	所属分类	发展时间
01	发展公司	1 省内	2013-11-10
02	华悦公司	1 省内	2013-01-08
03	强生公司	2 省外	2013-09-01
04	宝齐公司	2 省外	2013-09-08
05	光明公司	2 省外	2013-06-01

5. 供应商分类(见表 3-9)

表 3-9 供应商分类

类别编码	类别名称
1	工业
2	商业
3	其他

6. 供应商档案(见表 3-10)

表 3-10　供应商档案

供应商编码	供应商简称	所属分类	发展时间
01	远景公司	1	2009-07-02
02	兴隆公司	2	2009-08-01
03	顺风公司	3	2009-07-06

7. 结算方式(见表 3-11)

表 3-11　结算方式

结算方式编码	结算方式名称
1	现金结算
2	支票结算
201	现金支票
202	转账支票
3	其他

(三) 总账系统初始化

1. 总账系统的参数

资金及往来科目赤字控制；不允许修改、作废他人填制的凭证；可使用其他系统受控科目；系统编号；出纳凭证必经出纳签字；打印凭证页脚；可查询他人凭证；预算控制。

2. 会计科目

(1) 增加会计科目(见表 3-12)。

表 3-12　增加会计科目

科目编码	科目名称	辅助账类型
100201	建行存款	日记账 银行账
100202	工行存款	日记账 银行账
122101	应收职工借款	个人往来
140201	A 材料	数量核算(千克)、数量金额式账页
140202	B 材料	数量核算(千克)、数量金额式账页
140301	A 材料	数量核算(千克)、数量金额式账页
140302	B 材料	数量核算(千克)、数量金额式账页
140501	KH 产品	数量核算(件)、数量金额式账页
140502	WQ 产品	数量核算(件)、数量金额式账页
221101	工资	

(续表)

科目编码	科目名称	辅助账类型
221102	职工教育经费	
221103	工会经费	
222101	应交增值税	
22210101	进项税	
22210102	已交税金	
22210103	销项税	
222102	应交营业税	
222103	应交所得税	
222104	应交城市维护建设税	
222105	应交教育费附加	
500101	直接材料	
500102	直接人工	
500103	制造费用	
600101	KH产品	数量核算(件)、数量金额式账页
600102	WQ产品	数量核算(件)、数量金额式账页
640101	KH产品	
640102	WQ产品	
660201	办公费	部门核算
660202	差旅费	部门核算
660203	工资	部门核算
660204	折旧费	部门核算
660205	其他	部门核算

(2) "1001 库存现金"为现金总账科目、"1002 银行存款"为银行总账科目。

(3) 修改会计科目。

"1122 应收账款"科目辅助账类型为"客户往来"(不受控应收系统);"2202 应付账款"科目辅助账类型为"供应商往来"(不受控应付系统)。

3. 凭证类别(见表 3-13)

表 3-13 凭证类别

类别名称	限制类型	限制科目
收款凭证	借方必有	1001,1002
付款凭证	贷方必有	1001,1002
转账凭证	凭证必无	1001,1002

4. 期初余额(见表 3-14)

表 3-14　期初余额

会 计 科 目	方　向	余　额
库存现金	借	15 000
银行存款——建行存款	借	8 034 000
应收账款	借	1 100 000
应收职工借款	借	10 000
原材料——A 材料	借	1 000 000
千克	借	10 000
——B 材料	借	1 200 000
千克	借	40 000
库存商品——KH 产品	借	3 000 000
件	借	5 000
固定资产	借	8 520 000
累计折旧	贷	623 259
在建工程	借	2 503 149
短期借款	贷	500 000
应付账款	贷	234 000
应交税费——应交增值税——销项税	贷	9 200
——应交所得税	贷	12 390
——应交城市维护建设税	贷	2 500
——应交教育费附加	贷	800
长期借款	贷	2 000 000
实收资本	贷	22 000 000

注：往来科目期初余额明细：

采购部张晓 2015 年 12 月 12 日个人借款余额 10 000 元。

2015 年 12 月 12 号，业务员江珊销售给宝齐公司库存商品 KH 产品 1100 件，价税合计款 1 100 000 元，货款未收，发票号为 223310。

2015 年 12 月 12 号，采购员张晓向远景公司采购 A 材料 8 000 千克，单价 25 元/千克，价税合计款 234 000 元，货款未付，发票号为 123 319。

5. 常用摘要(见表 3-15)

表 3-15　常用摘要

摘 要 编 码	摘 要 内 容
BGF	报销办公费
GZ	发工资
JK	出差借款

6. 常用凭证

设置从建设银行提取现金的常用凭证。

摘要：从建行提现金，凭证类别为付款凭证，科目编码为1001和100201。

7. 期末转账设置

(1) 定义对应结转转账凭证，即"制造费用"转入"生产成本——制造费用"（注：该公司WQ产品已停产）。

(2) 设置期间损益结转转账凭证(期间损益转入本年利润)。

二、日常业务

2016年1月发生如下经济业务：

(1) 1月8日，以现金支付财务部办公费800元。

  借：管理费用——办公费(财务部)(660201) 800
    贷：库存现金(1001) 800

(2) 1月8日，根据税收缴款书，以建行存款交纳上月应交企业所得税12 390元，应交增值税9 200元，应交城市维护建设税2 500元和应交教育费附加800元(转账支票，银行凭证票号223)。

  借：应交税费——应交增值税——已交税金(22210102) 9 200
    应交税费——应交所得税(222103) 12 390
    应交税费——应交城建税(222104) 2 500
    应交税费——应交教育费附加(222105) 800
    贷：银行存款——建行存款(100201) 24 890

(3) 1月8日，签发建设银行转账支票1 300元支付销售部业务招待费(票号1121)。

  借：销售费用(6601) 1 300
    贷：银行存款——建行存款(100201) 1 300

(4) 1月8日，采购员张晓向远景公司购入A材料9 000千克，单价25.2元。增值税专用发票货款226 800元，增值税额38 556元，材料尚未入库，采购专用发票号为112233，货款未付。

  借：在途物资——A材料(140201) 226 800
    应交税费——应交增值税——进项税(22210101) 38 556
    贷：应付账款(远景公司)(2202) 265 356

(5) 1月12日，收到采购员张晓偿还借款8 000元。

  借：库存现金(1001) 8 000
    贷：其他应收款——应收职工借款(122101) 8 000

(6) 1月12日，签发建设银行现金支票，从银行提取现金10 000元备用(票号1100)。

  借：库存现金(1001) 10 000

  贷：银行存款——建行存款(100201)   10 000

(7) 1月12日，签发建设银行转账支票支付市广告公司本月广告费8 500元(票号1122)。
  借：销售费用(6601)   8 500
  贷：银行存款——建行存款(100201)   8 500

(8) 1月12日，业务员江珊销售给宝齐公司KH产品200件，单价1000元，增值税专用发票上价款200 000元，增值税34 000元，货款未收，销售专用发票号为223311。
  借：应收账款(宝齐公司)(1122)   234 000
  贷：主营业务收入——KH产品(600101)   200 000
    应交税费——应交增值税——销项税(22210103) 34 000

(9) 1月18日，以建设银行转账支票方式支付1月8日向远景公司购入的A材料购料款265 356元，票据号为1120，同时已办理材料入库。
  借：应付账款(远景公司)(2202)   265 356
    贷：银行存款——建行存款(100201)   265 356
  借：原材料——A材料(140301)   226 800
    贷：在途物资——A材料(140201)   226 800

(10) 1月20日，收到外商投资资金200 000美元(按当日牌价折合人民币1 266 000元)，已在建设银行办妥转账支票进账手续(票号1220)。
  借：银行存款——工行存款(100202)   1 266 000
    贷：实收资本(4001)   1 266 000

(11) 1月20日，总经理陈飞(行政部)出差回公司报销差旅费8 000元，经审核无误同意报销。
  借：管理费用——差旅费(660202)   8 000
    贷：库存现金(1001)   8 000

(12) 1月20日，江珊收到宝齐公司转账支票一张，办妥234 000元货款的建设银行收款手续，票据号为1200。
  借：银行存款——建行存款(100201)   234 000
    贷：应收账款(宝齐公司)(1122)   234 000

(13) 1月20日，生产部报销办公费900元，现金直接支付。
  借：制造费用(5101)   900
    贷：库存现金(1001)   900

(14) 1月31日，汇总本月各部门领用A材料共2 000千克，单价25元，价值50 000元。其中生产部领用45 000元，行政部门领用5 000元，生产部当月仅开工生产KH产品。
  借：生产成本——直接材料(500101)   45 000
    管理费用——其他(660205)   5 000
    贷：原材料——A材料(140301)   50 000

(15) 1月31日，结转本月产品销售成本120 000元。

借：主营业务成本——KH 产品(640101)　　　　120 000
　　贷：库存商品——KH 产品(140501)　　　　　　120 000

(16) 1 月 31 日从银行提取现金 1200 元备用(采用"调用常用凭证"的方法对从建设银行提取现金的业务进行处理)。

三、期末业务处理

1. 总账中期末自动转账生成凭证内容

(1) 制造费用转入生产成本。

(2) 期间损益结转。

2. 银行对账期初数据

单位银行存款——建行存款(100201)日记账余额为 8 034 000 元，银行对账单期初余额为 8 184 000 元，有银行已收而企业未收的未达账(2015 年 12 月 20 日)150 000 元。

3. 2016 年 1 月的银行对账单(见表 3-16)

表 3-16　银行对账单

日 期	结算方式	票 号	借方金额	贷方金额	余 额
2016.01.10	转账支票	1120		265 356	7 918 644
2016.01.10	转账支票	1121		1 300	7 917 344
2016.01.10	转账支票	223		24 890	7 892 454
2016.01.20	现金支票	1100		10 000	7 882 454
2016.01.22	转账支票	1024	6 000		7 888 454
2016.01.23	转账支票	1122		8 500	7 879 954
2016.01.26	转账支票	1200	234 000		8 113 954

4. 利用报表模板分别生成 1 月的"资产负债表"和"利润表"

第4单元

薪资管理

【学习目标】

知识目标

掌握工资管理系统初始化的内容、作用和设置方法;掌握工资系统中基础设置的内容、方法和应知要点;掌握工资期末业务处理的内容和方法。

能力目标

能够为工资管理系统日常业务处理做好充分的准备;能够根据企业日常业务的发生情况分配工资,以及进行工资分摊等业务处理。

4.1 工资管理系统初始化

工资管理系统初始化的内容主要包括建立工资账套、设置工资项目、设置人员类别和设置计算公式等。

【任务导入】

宏信公司自 2016 年 1 月开始使用畅捷通 T3——企业管理软件,对企业的工资进行管理。现在需要尽快了解应如何将现有的工资处理方法和工资信息录入到计算机中,以便对工资的日常业务进行处理。

【做中学】

任务 1:建立工资账套。

工资账套的参数为只有 1 个工资类别;扣税设置为"从工资中代扣个人所得税";不进行扣零设置;预置工资项目,工资账套的启用日期为"2016 年 1 月 1 日";人员编码长度为"3"位。

【业务处理过程】

(1) 在"畅捷通T3——企业管理信息化软件教育专版"窗口中，单击【工资】选项，打开"建立工资套——参数设置"对话框，如图4-1所示。

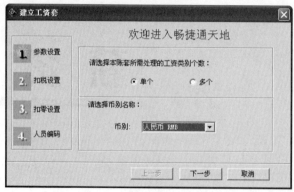

图4-1　设置工资类别个数

(2) 单击"单个"单选按钮，再单击【下一步】按钮，打开"建立工资套——扣税设置"对话框，如图4-2所示。

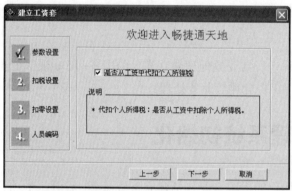

图4-2　设置是否从工资中代扣个人所得税

(3) 单击选中"是否从工资中代扣个人所得税"复选框，再单击【下一步】按钮，打开"建立工资套——扣零设置"对话框，如图4-3所示。

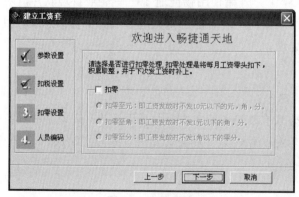

图4-3　设置扣零

(4) 单击【下一步】按钮，打开"建立工资套——人员编码"对话框，将"人员编码长度"修改为"3"，将"本账套的启用日期"修改为"2016-01-01"，单击选中"预置工资项目"复选框，如图4-4所示。

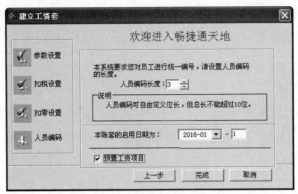

图4-4　设置人员编码长度及日期

(5) 单击【完成】按钮。系统提示"是否以2016-01-01为当前工资类别的启用日期？"，如图4-5所示。

图4-5　确认工资类别的启用日期的提示

(6) 单击【是】按钮。

【知识要点】

- 工资账套与企业账套是不同的概念。企业核算账套在系统管理中建立，它是针对整个畅捷通T3系统而言的；而工资账套只针对畅捷通T3系统中的工资系统，即工资账套是企业核算账套的一个组成部分。
- 如果企业中所有员工的工资发放项目相同、工资计算方法也相同，那么可以对全部员工使用统一的工资核算方案，对应地选择系统提供的单个工资类别应用方案。
- 如果企业存在下列情况之一，则需要选择系统提供的多个工资类别应用方案。第一，企业存在不同类别的人员，不同类别的人员工资发放项目不同，计算公式也不相同，但需要进行统一的工资核算管理，如企业需要分别对在职人员、退休人员等进行工资核算的情况；第二，企业每月进行多次工资发放，月末需要进行统一核算；第三，企业在不同地区设有分支机构，而工资核算由总部统一管理或工资发放使用多种货币。
- 扣税设置即选择在工资计算中是否由单位代扣个人所得税。
- 扣零设置通常在发放现金工资时使用，如果单位采用银行代发工资则很少进行此设置。

- 人员编码即单位人员编码长度。可以根据需要自由定义人员编码长度，但总长度不能超过 10 位字符。
- 如果不选中预置工资项目，则预置如下工资项目：实发合计，实发合计公式为空。
- 在单个工资类别情况下，工资账套建立完成后不需要建立工资类别；在多工资类别情况下，工资账套建立完成后需要在"工资类别"功能中建立工资类别。

【做中学】

任务 2：设置银行名称。

设置银行名称为"工商银行"，账号长度为 11 位，录入时自动带出的账号长度为 8 位。日期为 2016 年 1 月 1 日，人员编码长度为 5 位。

【业务处理过程】

(1) 在"畅捷通 T3——企业管理信息化软件教育专版"窗口中，单击【工资】|【设置】|【银行名称设置】，打开"银行名称设置"对话框，如图 4-6 所示。

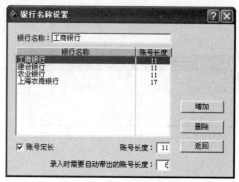

图 4-6 设置银行名称

(2) 单击选中"银行名称"栏中的"工商银行"，在"录入时需要自动带出的账号长度"栏中录入"8"。

(3) 单击【返回】按钮。

【知识要点】

- 银行账号长度不得为空，且不能超过 30 位。
- 录入时需要自动带出的账号长度是指在录入"人员档案"的银行账号时，从第 2 个人开始，系统根据用户在此定义的长度自动带出银行账号的相应长度，可以有效地提高录入的速度。
- 如果删除银行名称则同银行名称有关的所有设置将一同被删除，包括银行的代发文件格式设置以及磁盘输出格式的设置等。

【做中学】

任务 3：设置人员类别。

设置本企业的人员类别为"管理人员"和"市场营销人员"。

【业务处理过程】

(1) 在"畅捷通 T3——企业管理信息化软件教育专版"窗口中,单击【工资】|【设置】|【人员类别设置】,打开"类别设置"对话框。

(2) 单击【增加】按钮,在"类别"栏中录入"管理人员",再单击【增加】按钮,录入"市场营销人员",最后再单击【增加】按钮,如图 4-7 所示。

图 4-7 设置人员类别

(3) 单击【返回】按钮。

【知识要点】
- 人员类别名称可以随时修改,已经使用的人员类别不允许删除。
- 人员类别只剩下 1 个时不允许删除。
- 人员类别设置的目的是为"工资分摊"设置入账科目时使用。

【做中学】
任务 4:设置工资项目,如表 4-1 所示。

表 4-1 设置工资项目

工资项目名称	类型	长度	小数	增减项
基本工资	数字	8	2	增项
岗位工资	数字	8	2	增项
通信补贴	数字	8	2	增项
交通补贴	数字	8	2	增项
奖金	数字	8	2	增项
应发合计	数字	8	2	其他
缺勤扣款	数字	8	2	减项
缺勤扣款合计	数字	8	2	其他
应付工资	数字	8	2	其他
养老保险	数字	8	2	减项
医疗保险	数字	8	2	减项
失业保险	数字	8	2	减项

(续表)

工资项目名称	类型	长度	小数	增减项
社保及公积金扣款合计	数字	8	2	其他
税前工资	数字	8	2	其他
代扣税	数字	8	2	减项
实发合计	数字	8	2	增项
社保基数	数字	8	2	其他
日工资	数字	8	2	其他
缺勤天数	数字	8	1	其他

【业务处理过程】

(1) 在"T3企业管理信息化软件教育专版"窗口中,单击【工资】|【设置】|【工资项目设置】,打开"工资项目设置"对话框,如图4-8所示。

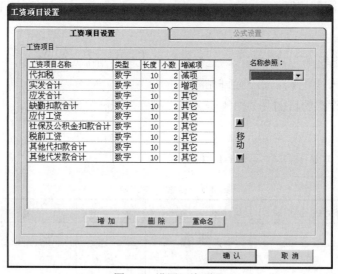

图 4-8 设置工资项目

(2) 单击"增加"按钮,录入工资项目名称为"基本工资",或单击"名称参照"下拉列表框的下三角按钮,选择"基本工资"选项。单击"基本工资"所在行"类型"栏后的下三角按钮,选择"数字"选项,选择长度为"8",选择小数位为"2",选择增减项为"增项"。依此方法继续增加其他的工资项目。

(3) 单击"移动"上下三角按钮,将每个工资项目移动到合适的位置,如图4-9所示。

(4) 单击"确认"按钮。

【知识要点】

● 工资数据最终由各个工资项目体现。

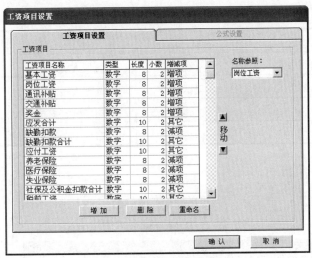

图 4-9 调整工资项目的位置

- 工资项目设置即定义工资核算所涉及的项目名称、类型和长度等。如果在建立工资账套时,选中"预置工资项目"则由系统预置应发合计、缺勤扣款合计、应付工资、社保及公积金扣款合计、税前工资、其他代扣款合计、其他代发款合计和实发合计,并预置相应的计算公式:应付工资=应发合计-缺勤扣款合计、税前工资=应付工资-社保扣款合计、实发合计=税前工资-代扣税-其他代扣款合计+其他代发款合计。
- 如果不选中"预置工资项目",则预置如下工资项目:实发合计,实发合计公式为空。这些预置的工资项目不能删除和重命名。
- 其他项目可以根据实际需要进行定义或参照增加,如"基本工资"和"奖金"等。
- 在此设置的工资项目对于多工资类别的工资账套而言,是针对所有工资类别所需要使用的全部工资项目;对于单工资类别而言,就是此工资账套所使用的全部工资项目。
- 如果建账时选择了"代扣个人所得税",则系统提供"代扣税"项目。
- 如果建账时选择了"扣零"处理,则系统提供"本月扣零"和"上月扣零"两个工资项目。

【做中学】

任务 5:设置人员档案,如表 4-2 所示。

表 4-2 设置人员档案

职员编号	人员姓名	所属部门	人员类别	银行代发账号
001	陈平	行政部	管理人员	11109999001
002	许燕	行政部	管理人员	11109999002
003	杨帆	财务部	管理人员	11109999003
004	于靖	财务部	管理人员	11109999004

(续表)

职员编号	人员姓名	所属部门	人员类别	银行代发账号
005	江洋	采购部	管理人员	11109999005
006	黄山	采购部	管理人员	11109999006
007	宋建	销售部	市场营销人员	11109999007
008	马子山	销售部	市场营销人员	11109999008

【业务处理过程】

(1) 在"畅捷通 T3——企业管理信息化软件教育专版"窗口中,单击【工资】|【设置】|【人员档案】,打开"人员档案"窗口,如图 4-10 所示。

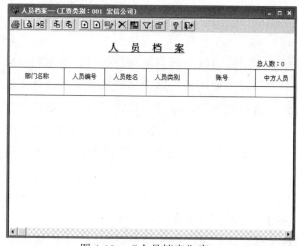

图 4-10 "人员档案"窗口

(2) 在"人员档案"窗口中,单击 按钮,打开"人员档案"对话框中的"基本信息"选项卡,如图 4-11 所示。

图 4-11 设置人员档案中的基本信息

(3) 录入人员编号“001”；人员姓名“陈平”(或单击“人员姓名”栏参照按钮进行选择)；单击“部门编码”栏下三角按钮，选择“1”；单击“部门名称”栏下三角按钮，选择“行政部”；单击“人员类别”栏下三角按钮，选择“管理人员”；单击“银行名称”栏下三角按钮，选择“工商银行”；在“银行账号”栏录入“11109999001”。

(4) 单击【确认】按钮，依此方法，完成其他人员档案的设置，如图 4-12 所示。

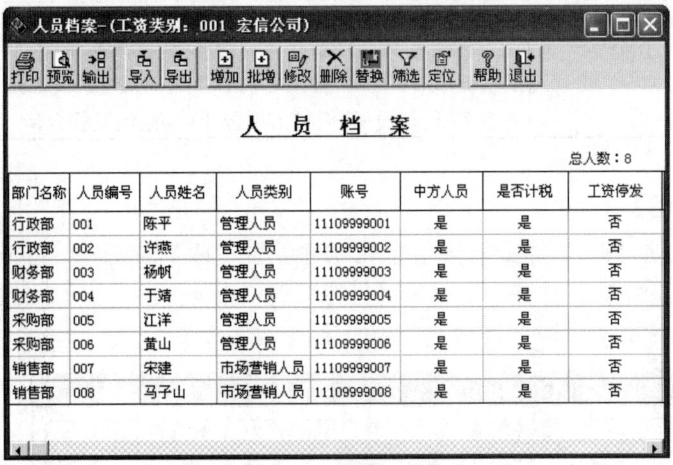

部门名称	人员编号	人员姓名	人员类别	账号	中方人员	是否计税	工资停发
行政部	001	陈平	管理人员	11109999001	是	是	否
行政部	002	许燕	管理人员	11109999002	是	是	否
财务部	003	杨帆	管理人员	11109999003	是	是	否
财务部	004	于靖	管理人员	11109999004	是	是	否
采购部	005	江洋	管理人员	11109999005	是	是	否
采购部	006	黄山	管理人员	11109999006	是	是	否
销售部	007	宋建	市场营销人员	11109999007	是	是	否
销售部	008	马子山	市场营销人员	11109999008	是	是	否

图 4-12　全部人员档案

【知识要点】

- 由于在进行银行名称设置时已经设置了“录入时需要自动带出的账号长度”，因此，在录入第 1 位人员档案后，其他的人员档案中的银行账号则会自动带出相应账号的位数。
- 在增加人员档案时，对话框中的“停发工资”“调出”和“数据档案”都不可选，只有在修改状态下才能进行编辑。

【做中学】

任务 6：计算公式，如表 4-3 所示。

表 4-3　计算公式

工 资 项 目	公式定义条件
日工资	(基本工资+岗位工资)/21
交通补贴	iff(人员类别='市场营销人员',200,60)
通信补贴	88
应发合计	基本工资+岗位工资+通信补贴+交通补贴+奖金
缺勤扣款	日工资*缺勤天数
缺勤扣款合计	缺勤扣款
应付工资	应发合计-缺勤扣款合计
社保基数	3300

(续表)

工资项目	公式定义条件
养老保险	社保基数*0.08
医疗保险	社保基数*0.02
失业保险	社保基数*0.01
社保及公积金扣款合计	养老保险+医疗保险+失业保险
税前工资	应付工资-社保及公积金扣款合计
实发合计	税前工资-代扣税-其他代扣款合计+其他代发款合计

【业务处理过程】

(1) 在"畅捷通 T3——企业管理信息化软件教育专版"窗口中，单击【工资】|【设置】|【工资项目设置】，打开"工资项目设置"对话框。

(2) 单击打开"公式设置"选项卡，如图 4-13 所示。

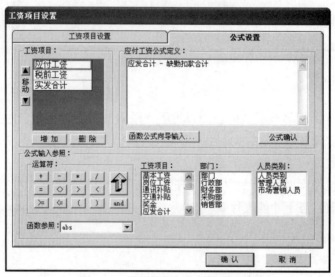

图 4-13　设置缺勤扣款的计算公式

(3) 单击左上方"工资项目"栏的【增加】按钮，再单击"工资项目"栏后下三角按钮，选择"日工资"选项，在"日工资公式定义"栏中录入"(基本工资+岗位工资)/21"。

(4) 单击【公式确认】按钮，如图 4-14 所示。

(5) 单击【增加】按钮，再单击"工资项目"栏下三角按钮，选择"交通补贴"。

(6) 单击【函数公式向导输入】按钮，打开"函数向导——步骤之1"对话框，如图4-15 所示。

(7) 选择"iff"，单击【下一步】按钮，打开"函数向导——步骤之 2"对话框。

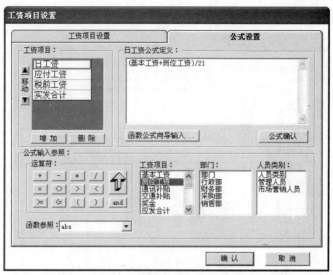

图 4-14　设置日工资的计算公式

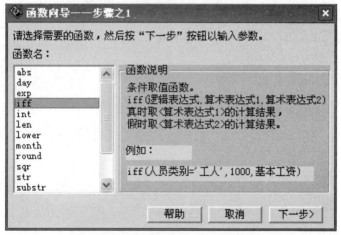

图 4-15　设置交通补贴计算公式的函数

(8) 单击"逻辑表达式"的参照按钮，选择"人员类别="市场营销人员""，在"算术表达式 1"中录入"200"，在"算术表达式 2"中录入"60"，如图 4-16 所示。

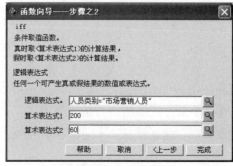

图 4-16　设置交通补贴计算公式的表达式

(9) 单击【完成】按钮，如图 4-17 所示。

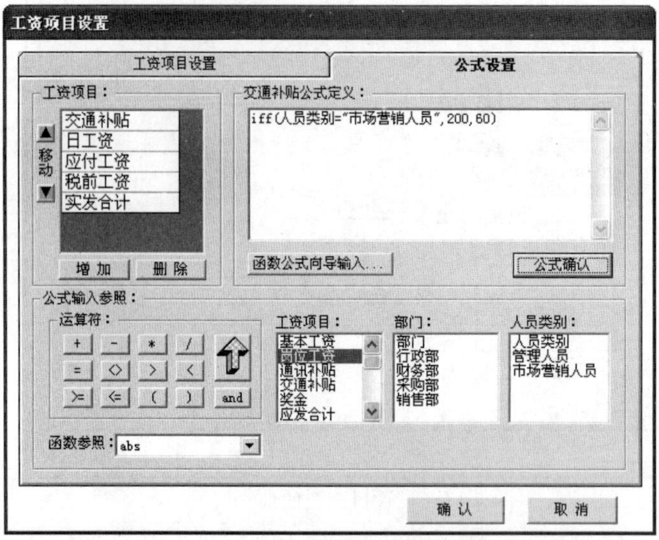

图 4-17 设置完成的交通补贴计算公式

(10) 单击【公式确认】按钮，再单击【确认】按钮。
(11) 继续设置其他的计算公式。

【知识要点】
- 函数公式向导只支持系统提供的函数。
- 设置公式后必须单击【公式确认】按钮，否则不能保存已设置的计算公式。

提示：
操作至此的结果已备份到光盘中的"111 账套备份\(4)已完成工资管理初始化备份"文件夹中。

4.2 日常业务处理

工资管理的日常业务处理工作主要包括进行工资变动管理、进行个人收入所得税计算与申报并办理银行代发手续等。

【任务导入】
宏信公司在完成了工资系统的初始设置之后，便准备使用财务管理软件对日常工资业务进行处理了。现在需要了解在手工方式下所进行的工资业务的处理应该如何在计算机中进行，计算机到底给工资业务处理带来了哪些方便和好处，在进行工资业务的处理时应掌握的知识要点有哪些。

【做中学】

任务1：录入工资数据。

2016年1月有关的工资数据如表4-4所示。

表4-4 录入工资数据

职员编号	人员姓名	所属部门	人员类别	基本工资	岗位工资	奖金	缺勤天数
001	陈平	行政部	管理人员	5 500	2000	200	
002	许燕	行政部	管理人员	5 000	500	100	
003	杨帆	财务部	管理人员	4 000	1500	200	
004	于靖	财务部	管理人员	4 000	500	100	
005	江洋	采购部	管理人员	3 000	1100	220	
006	黄山	采购部	管理人员	3 000	600	220	2
007	宋建	销售部	市场营销人员	2 800	300	400	
008	马子山	销售部	市场营销人员	2 600	300	400	

【业务处理过程】

(1) 在"畅捷通T3——企业管理信息化软件教育专版"窗口中，单击【工资】|【业务处理】|【工资变动】，打开"工资变动"窗口。

(2) 在"工资变动"窗口中，分别录入各项工资数据，如图4-18所示。

图4-18 录入工资项目内容

(3) 单击【保存】按钮，计算全部工资项目内容，如图4-19所示。

(4) 单击【退出】按钮，系统提示"数据发生变动后尚未进行汇总,是否进行汇总？"，如图4-20所示。

图 4-19　计算后的工资项目内容

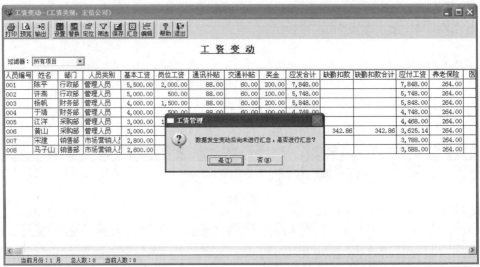

图 4-20　退出"工资变动"窗口时的提示对话框

(5) 单击【是】按钮后退出。

【知识要点】

- 第一次使用工资系统必须将所有人员的基本工资数据录入到系统中。工资数据可以在录入人员档案时直接录入，需要计算的内容再在此功能中进行计算；也可以在工资变动功能中录入，当工资数据发生变动时应在此录入。
- 如果工资数据变化较大可以使用替换功能进行替换。
- 在修改了某些数据、重新设置了计算公式、进行了数据替换或在个人所得税中执行了自动扣税等操作后，必须调用"计算"和"汇总"功能对个人工资数据重新进行计算，以保证数据正确。

- 如果对工资数据只进行了"计算"操作，而未进行"汇总"操作，在退出时系统提示"数据发生变动后尚未进行汇总，是否进行汇总？"，如果需要汇总则单击【是】按钮，否则，单击【否】按钮即可。

【做中学】

任务 2：计算个人收入所得税。

2016 年 1 月，111 账套中应按"税前工资"为计算个人收入所得税的"对应工资项目"。

【业务处理过程】

(1) 单击【工资】|【业务处理】|【扣缴所得税】，或直接单击"扣缴个人所得税"功能，打开"栏目选择"对话框，将"对应工资项目"改为"税前工资"，如图 4-21 所示。

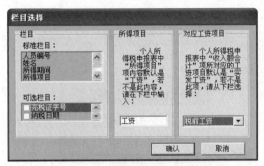

图 4-21　"栏目选择"对话框

(2) 单击【确认】按钮后打开"个人所得税扣缴申报表"窗口，如图 4-22 所示。

人员编号	姓名	所得期间	所得项目	收入额合计	减费用额	应纳税所得额	税率(%)	速算扣除数	扣缴所得税额
001	陈平	1	工资	7,485.00	3,500.00	3,985.00	10.00	105.00	293.50
002	许燕	1	工资	5,385.00	3,500.00	1,885.00	10.00	105.00	83.50
003	杨帆	1	工资	5,485.00	3,500.00	1,985.00	10.00	105.00	93.50
004	于靖	1	工资	4,385.00	3,500.00	885.00	3.00	0.00	26.55
005	江洋	1	工资	4,105.00	3,500.00	605.00	3.00	0.00	18.15
006	黄山	1	工资	3,262.14	3,500.00	0.00	0.00	0.00	0.00
007	宋建	1	工资	3,425.00	3,500.00	0.00	0.00	0.00	0.00
008	马子山	1	工资	3,225.00	3,500.00	0.00	0.00	0.00	0.00
	合计	1	工资	36,757.14	28,000.00	9,345.00			515.20

图 4-22　个人所得税扣缴申报表

(3) 单击【税率】按钮，出现"个人所得税申报表——税率表"对话框，如图 4-23 所示。

图 4-23　个人所得税税率表

(4) 在"个人所得税申报表——税率表"对话框中，确认基数为"3500"。

(5) 单击【确认】按钮，系统提示"调整税率表后，个人所得税需重新计算。是否重新计算个人所得税？"，如图 4-24 所示。

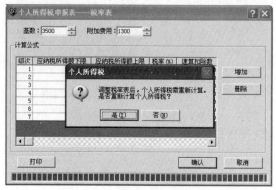

图 4-24　调整税率时的提示

(6) 单击【是】按钮，返回"个人所得税申报表"窗口，单击【退出】按钮后退出。

(7) 在"畅捷通 T3——企业管理信息化软件教育专版"窗口中，单击【工资】|【业务处理】|【工资变动】，打开"工资变动"窗口。

(8) 单击【计算】按钮，重新计算全部工资项目内容。

【知识要点】

- "个人所得税申报表"是个人纳税情况的记录，系统提供对表中栏目的设置功能。
- 个人所得税申报表的栏目只能选择系统提供的项目，不提供由用户自定义的项目。
- 系统默认以"实发合计"作为扣税基数。如果想以其他工资项目作为扣税标准，则需要在定义工资项目时单独为应税所得设置一个工资项目。
- 如果单位的扣除费用及税率与国家规定的不一致，可以在个人所得税扣缴申报表中单击【税率】按钮，进行修改。
- 在"工资变动"窗口中，系统默认以"实发合计"作为扣税基数，所以在执行完个人所得税计算后，需要到"工资变动"中，执行"计算"和"汇总"功能，以保证"代扣税"这个工资项目正确地反映出单位实际代扣个人所得税的金额。

【做中学】

任务 3：查看工资发放签名表。

查看 2016 年 1 月，111 账套的工资发放签名表。

【业务处理过程】

(1) 单击【工资】|【统计分析】|【账表】|【工资表】，打开"工资表—(工资类别：宏信公司)"对话框，如图 4-25 所示。

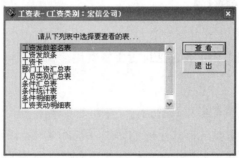

图 4-25 "工资表—(工资类别：宏信公司)"对话框

(2) 单击【查看】按钮，打开"工资发放签名表"对话框，选择所有部门，如图 4-26 所示。

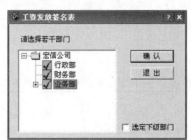

图 4-26 "工资发放签名表"对话框

(3) 单击【确认】按钮，打开"工资发放签名表"窗口，如图 4-27 所示。

人员编号	姓名	基本工资	岗位工资	通讯补贴	交通补贴	奖金	应发合计	缺勤扣款	缺勤扣款合计	应付工资	养老保险	医疗保险	失业保险	社保及公积金扣款合计
001	陈平	5,500.00	2,000.00	88.00	60.00	200.00	7,848.00			7,848.00	264.00	66.00	33.00	363.00
002	许燕	5,000.00	500.00	88.00	60.00	100.00	5,748.00			5,748.00	264.00	66.00	33.00	363.00
003	杨帆	4,000.00	1,500.00	88.00	60.00	200.00	5,848.00			5,848.00	264.00	66.00	33.00	363.00
004	于靖	4,000.00	500.00	88.00	60.00	100.00	4,748.00			4,748.00	264.00	66.00	33.00	363.00
005	江洋	3,000.00	1,100.00	88.00	60.00	220.00	4,468.00			4,468.00	264.00	66.00	33.00	363.00
006	黄山	3,000.00	600.00	88.00	60.00	220.00	3,968.00	342.86	342.86	3,625.14	264.00	66.00	33.00	363.00
007	宋建	2,800.00	300.00	88.00	200.00	400.00	3,788.00			3,788.00	264.00	66.00	33.00	363.00
008	马子山	2,600.00	300.00	88.00	200.00	400.00	3,588.00			3,588.00	264.00	66.00	33.00	363.00
合计		9,900.00	6,800.00	704.00	760.00	1,840.00	40,004.00	342.86	342.86	39,661.14	2,112.00	528.00	264.00	2,904.00

图 4-27 "工资发放签名表"窗口

【知识要点】
- 可以打印工资发放签名表，在确认领取工资时于签名处签字。
- 如果有多个月份的工资数据，可以单击"会计月份"栏下三角按钮，选择要查询月份的工资发放签名表。
- 可以单击"部门"栏参照按钮，查询不同部门的工资状况。

4.3 月末业务处理

工资管理的月末处理工作主要包括进行工资费用分摊、工资报表管理和月末结转等。

【任务导入】
宏信公司在完成了工资的数据计算后，还未进行账务处理，还没有形成会计核算的数据资料。现在需要了解在电算化方式下应如何进行账务处理，在进行账务处理时应掌握的知识要点有哪些，月末时除了要进行账务处理外还应完成哪些工作。

【做中学】
任务1：设置工资分摊。

111 账套中工资分摊的类型为"应付职工薪酬"和"工会经费"。"应付职工薪酬"的分摊比例为100%，按工资总额的2%计提工会经费。工资分摊的设置内容如表4-5和表4-6所示。

表4-5 应付职工薪酬分摊设置内容

部门名称	人员类别	项目	借方科目	贷方科目
行政部	管理人员	应发合计	660201	2211
财务部	管理人员	应发合计	660201	2211
采购部	管理人员	应发合计	660201	2211
销售部	市场营销人员	应发合计	660101	2211

表4-6 工会经费分摊设置内容

部门名称	人员类别	项目	借方科目	贷方科目
行政部	管理人员	应发合计	660203	2241
财务部	管理人员	应发合计	660203	2241
采购部	管理人员	应发合计	660203	2241
销售部	市场营销人员	应发合计	660103	2241

【业务处理过程】
(1) 单击【工资】|【业务处理】|【工资分摊】，或直接单击"工资分摊"功能，打开"工资分摊"对话框，如图4-28所示。

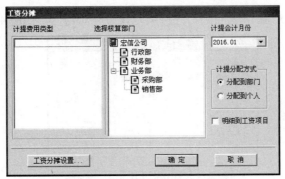

图 4-28 "工资分摊"对话框

(2) 单击【工资分摊设置】按钮,打开"分摊类型设置"对话框,如图 4-29 所示。

图 4-29 "分摊类型设置"对话框

(3) 单击【增加】按钮,打开"分摊计提比例设置"对话框。
(4) 在"计提类型名称"栏中录入"应付职工薪酬",如图 4-30 所示。

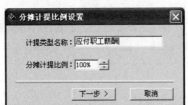

图 4-30 "分摊计提比例设置"对话框

(5) 单击【下一步】按钮,打开"分摊构成设置"对话框。
(6) 在"分摊构成设置"对话框中,分别选择分摊构成的各个项目内容,如图 4-31 所示。

图 4-31 "分摊构成设置"对话框

(7) 单击【完成】按钮,返回到"分摊类型设置"对话框,如图4-32所示。

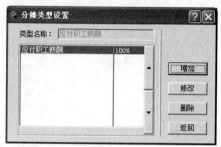

图4-32 "分摊类型设置"对话框

(8) 单击【增加】按钮,在"计提类型名称"栏中录入"工会经费",在"分摊计提比例"栏中录入"2%",如图4-33所示。

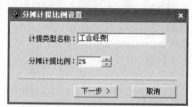

图4-33 工会经费分摊计提比例设置

(9) 单击【下一步】按钮,打开"分摊构成设置"对话框,在"分摊构成设置"对话框中分别选择分摊构成的各个项目内容,如图4-34所示。

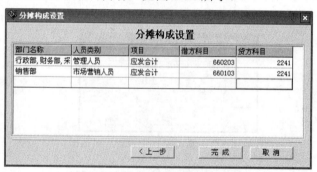

图4-34 工会经费分摊构成设置

(10) 单击【完成】按钮,返回到"分摊类型设置"对话框,如图4-35所示。

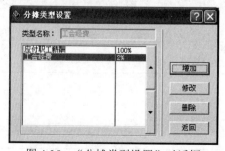

图4-35 "分摊类型设置"对话框

(11) 单击【返回】按钮，返回到"工资分摊"对话框。

【知识要点】
- 所有与工资相关的费用及基金均需建立相应的分摊类型名称及分摊计提比例。
- 不同部门和相同人员类别可以设置不同的分摊科目。
- 不同部门和相同人员类别在设置时，可以一次选择多个部门。

【做中学】
任务 2：工资分摊。
分摊 2016 年 1 月份的工资并生成记账凭证。

【业务处理过程】
(1) 单击【工资】|【业务处理】|【工资分摊】，打开"工资分摊"对话框。
(2) 分别单击选中"应付工资"和"工会经费"前的复选框，并单击选中各个部门，再选中"明细到工资项目"复选框，如图 4-36 所示。

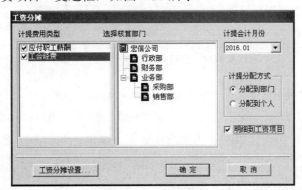

图 4-36　工资分摊设置

(3) 单击【确定】按钮，打开"应付职工薪酬一览表"，如图 4-37 所示。

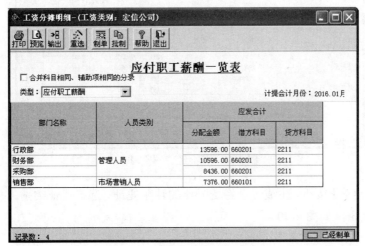

图 4-37　应付职工薪酬一览表

(4) 单击【制单】按钮,生成应付工资分摊的转账凭证,选择凭证类别为"转账凭证",单击【保存】按钮,如图4-38所示。

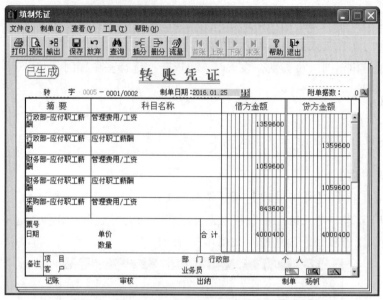

图 4-38 工资分摊的转账凭证

(5) 单击【退出】按钮,返回"应付职工薪酬一览表"。

(6) 在"应付职工薪酬一览表"中,单击"类型"栏下三角按钮,选择"工会经费",并单击选中"合并科目相同、辅助项相同的分录"复选框,如图4-39所示。

图 4-39 工会经费一览表

(7) 单击【制单】按钮,生成工会经费分摊的转账凭证,选择凭证类别为"转账凭证",单击【保存】按钮,如图4-40所示。

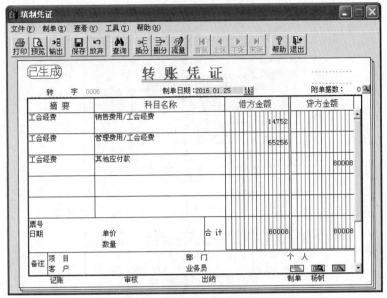

图 4-40 工会经费分摊的转账凭证

【知识要点】
- 工资分摊应按分摊类型依次进行。
- 在进行工资分摊时,如果不选择"合并科目相同、辅助项相同的分录",则在生成凭证时将每一条分录都对应一个贷方科目;如果单击【批制】按钮,可以一次将所有本次参与分摊的"分摊类型"所对应的凭证全部生成。

【做中学】
任务 3:月末处理。
将 111 账套进行 2016 年度 1 月份月末处理,月末处理时不进行清零处理。

【业务处理过程】
(1) 单击【工资】|【业务处理】|【月末处理】,或直接单击"月末处理"功能,打开"月末处理"对话框,如图 4-41 所示。

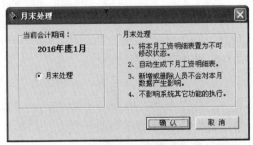

图 4-41 月末处理

(2) 单击【确认】按钮,系统提示"月末处理之后,本月工资将不允许变动!继续月末处理吗？"，如图 4-42 所示。

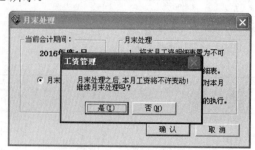

图 4-42　月末处理提示

(3) 单击【是】按钮，系统提示"是否选择清零项？"，如图 4-43 所示。

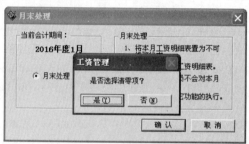

图 4-43　是否清零提示

(4) 单击【否】按钮，系统提示"月末处理完毕！"，如图 4-44 所示。

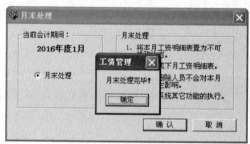

图 4-44　月末处理完成提示

(5) 单击【确定】按钮。

【知识要点】
- 月末处理只有在会计年度的 1 月至 11 月进行。
- 如果处理多个工资类别，则应打开工资类别，分别进行月末处理。
- 如果本月工资未汇总，系统将不允许进行月末处理。
- 进行月末处理后，当月数据将不再允许变动。
- 月末处理功能只有账套主管才能执行。
- 在进行月末处理后，如果发现还有一些业务或其他事项要在已进行月末处理的月份进行账务处理，可以由账套主管使用反结账功能，取消已结账标记。

【做中学】

任务 4：凭证查询。

查询 2016 年 1 月所填制的工资分摊的记账凭证。

【业务处理过程】

(1) 单击【统计分析】|【凭证查询】，打开"凭证查询"对话框。

(2) 选择输入所要查询的起始月份和终止月份,并显示查询期间的凭证列表,如图 4-45 所示。

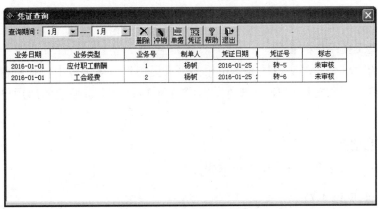

图 4-45 "凭证查询"对话框

【知识要点】

- 选中 1 张凭证，单击【删除】按钮，可删除标志为"未审核"的凭证。
- 单击【冲销】按钮，则可对当前标志为"记账"的凭证，进行红字冲销操作，自动生成与原凭证相同的红字凭证。
- 单击【单据】按钮，显示生成凭证的原始凭证。
- 单击【凭证】按钮，显示单张凭证界面。

提示：

操作至此的结果已备份到光盘中的"111 账套备份\(5)已完成薪资业务处理备份"文件夹中。

实验十一 工资系统初始化

【实验准备】

已经完成了实验三的操作。将系统日期修改为"2016年1月8日"，引入光盘中的"333 账套备份\333-3"，由操作员"CL(密码：001)"注册进入"畅捷通 T3——企业管理信息化软件教育专版"系统。

【实验要求】

1. 启用"工资"系统(启用日期：2016年1月1日)。
2. 建立工资账套。
3. 基础设置。
4. 设置工资项目。
5. 设置人员档案。
6. 设置计算公式。

【实验资料】

1. 333账套工资系统的参数

工资类别为"单个"，工资核算本位币为"人民币"，从工资中代扣所得税，进行扣零设置且扣零到元，人员编码长度5位，预置工资项目，工资系统的启用日期为"2016年1月1日"。

2. 人员附加信息

人员的附加信息为"学历"和"技术职称"。

3. 工资项目(见表4-7)

表4-7 工资项目

工资项目名称	类型	长度	小数	增减项
基本工资	数字	8	2	增项
职务工资	数字	8	2	增项
通信补贴	数字	8	2	增项
安全补贴	数字	8	2	增项
奖金	数字	8	2	增项
应发合计	数字	8	2	其他
病假扣款	数字	8	2	减项
事假扣款	数字	8	2	减项
缺勤扣款合计	数字	8	2	其他
应付工资	数字	8	2	其他
社保	数字	8	2	减项
住房公积金	数字	8	2	减项
社保及公积金扣款合计	数字	8	2	其他
税前工资	数字	8	2	其他
代扣税	数字	8	2	减项
实发合计	数字	8	2	增项
社保基数	数字	8	2	其他

(续表)

工资项目名称	类型	长度	小数	增减项
日工资	数字	8	2	其他
事假天数	数字	8	1	其他
病假天数	数字	8	1	其他

4. 银行名称

银行名称为"建设银行",账号长度为11位,录入时自动带出的账号长度为8位。

5. 人员类别

人员类别为管理人员、采购人员、销售人员和车间管理人员。

6. 人员档案(见表4-8)

表4-8 人员档案

职员编号	人员姓名	学历	职 称	所属部门	人员类别	银行代发账号
00001	张建	大学	经济师	行政部(1)	管理人员	11022033001
00002	宁静	大学	经济师	行政部(1)	管理人员	11022033002
00003	陈丽	大学	会计师	财务部(2)	管理人员	11022033003
00004	王军	大学	会计师	财务部(2)	管理人员	11022033004
00005	李大为	大专	助理会计师	财务部(2)	管理人员	11022033005
00006	李慧	大学		采购部(301)	采购人员	11022033006
00007	陈强	大专		销售部(302)	销售人员	11022033007
00008	关鑫	大专		生产车间(4)	车间管理人员	11022033008

7. 计算公式(见表4-9)

表4-9 计算公式

工资项目	公式定义条件
日工资	(基本工资+职务工资)/21
基本工资	管理人员3800元,其他人员3500元
职务工资	管理人员1100元
通信补贴	销售人员200元,其他人员88元
安全补贴	车间管理人员200元
应发合计	基本工资+职务工资+通信补贴+安全补贴+奖金
事假扣款	日工资*事假天数
病假扣款	日工资*病假天数*0.6

(续表)

工资项目	公式定义条件
缺勤扣款合计	事假扣款+病假扣款
应付工资	基本工资+职务工资+通信补贴+安全补贴+奖金-缺勤扣款合计
社保基数	3500
社保	社保基数*0.11
住房公积金	社保基数*0.12
社保及公积金扣款合计	社保+住房公积金
税前工资	应付工资-社保及公积金扣款合计
实发合计	税前工资-代扣税-其他代扣款合计+其他代发款合计

实验十二　工资业务处理

【实验准备】

已经完成了实验十一的操作。可以引入光盘中的"333账套备份\333-11"、将系统日期修改为"2016年1月31日",由操作员"CL(密码：001)"注册进入"畅捷通T3——企业管理信息化软件教育专版"系统。

【实验要求】

(1) 录入并计算1月份的工资数据。
(2) 扣缴所得税。
(3) 分摊工资并生成转账凭证。
(4) 月末处理。

【实验资料】

个人收入所得税应按"税前工资"扣除"3 500"元后计税；2016年1月有关的工资数据如表4-10所示。

表4-10　工资数据

职员编号	人员姓名	所属部门	人员类别	奖金	事假天数	病假天数
00001	张建	行政部(1)	管理人员	800		
00002	宁静	行政部(1)	管理人员	800		2
00003	陈丽	财务部(2)	管理人员	800		
00004	王军	财务部(2)	管理人员	800		
00005	李大为	财务部(2)	管理人员	1 000	3	

(续表)

职员编号	人员姓名	所属部门	人员类别	奖金	事假天数	病假天数
00006	李慧	采购部(301)	采购人员	1 200		1
00007	陈强	销售部(302)	销售人员	1 100		
00008	关鑫	生产车间(4)	车间管理人员	800		

1. 工资分摊的类型

工资分摊的类型为"应付职工薪酬"和"工会经费"。

2. 有关计提标准

按工资总额的2%计提工会经费。

3. 分摊构成设置(见表4-11)

表4-11 分摊构成设置

计提类型名称	部门名称	人员类别	借方科目	贷方科目
应付职工薪酬	行政部	管理人员	管理费用——工资(660203)	应付工资(2211)
	财务部	管理人员	管理费用——工资(660203)	应付工资(2211)
	采购部	采购人员	管理费用——工资(660203)	应付工资(2211)
	销售部	销售人员	销售费用(6601)	应付工资(2211)
	生产车间	车间管理人员	制造费用(5101)	应付工资(2211)
工会经费	行政部	管理人员	管理费用——工资(660203)	其他应付款(2241)
	财务部	管理人员	管理费用——工资(660203)	其他应付款(2241)
	采购部	采购人员	管理费用——工资(660203)	其他应付款(2241)
	销售部	销售人员	销售费用(6601)	其他应付款(2241)
	生产车间	车间管理人员	制造费用(5101)	其他应付款(2241)

第 5 单元

固定资产管理

【学习目标】

知识目标

掌握固定资产管理系统初始化的内容、作用和设置方法；掌握固定资产管理系统中基础设置的内容、方法和应了解的知识要点；掌握固定资产原始卡片的填制方法；掌握固定资产管理系统日常业务和期末业务处理的内容和方法。

能力目标

能够为固定资产管理系统日常业务处理做好充分的准备；能够根据企业日常业务的发生情况进行增加资产以及计提固定资产折旧等业务的处理。

5.1 固定资产管理系统初始化

固定资产管理系统初始化的内容主要包括建立固定资产账套、设置固定资产类别、设置折旧对应科目及录入固定资产原始卡片等。

【任务导入】

宏信公司自 2016 年 1 月开始使用畅捷通 T3 管理软件，对企业的固定资产进行管理。现在需要尽快了解应如何将现有的固定资产信息录入到计算机中，以便对固定资产的日常业务进行处理。

【做中学】

任务 1：建立固定资产账套。

固定资产子账套的启用月份为"2016 年 1 月"；固定资产折旧采用"平均年限法(一)——按月计提折旧"，折旧汇总分配周期为"1 个月"；当(月初已计提折旧月份=可使用月份 – 1)时，要求将剩余折旧全部提足。固定资产编码方式为"2112"，固定资产编码方式采用手工编码,编码方式为按"类别编码+序号";序号长度为"5"。固定资产系统要求与总账系统进行对账;固定资产对账科目为"1601 固定资产",累计折旧科目为"1602 累计折旧";在对账不平的情况下允许结账。设置固定资产的"可纳税调整的增加方式"为"直接购入";固定资产缺省入账科目为"1601 固定资产";累计折旧缺省入账科目为"1602 累计折旧";可抵扣税额入账科目为"22210101 进项税额"。

【业务处理过程】

(1) 在"畅捷通 T3——企业管理信息化软件教育专版"窗口中,单击"固定资产"选项。系统提示"这是第一次打开此账套,还未进行过初始化,是否进行初始化?",如图 5-1 所示。

图 5-1 是否进行初始化的提示

(2) 单击【是】按钮,打开"固定资产初始化向导——约定及说明"对话框,如图 5-2 所示。

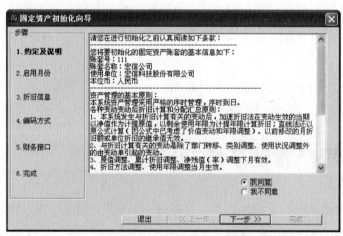

图 5-2 固定资产初始化向导——约定及说明

(3) 单击"我同意"单选按钮,再单击【下一步】按钮,打开"固定资产初始化向导——启用月份"对话框,如图 5-3 所示。

(4) 单击【下一步】按钮,打开"固定资产初始化向导——折旧信息"对话框,如图 5-4 所示。

(5) 单击【下一步】按钮,打开"固定资产初始化向导——编码方式"对话框,修改编码长度为"2112",如图 5-5 所示。

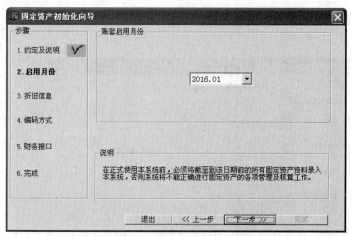

图 5-3　固定资产初始化向导——启用月份

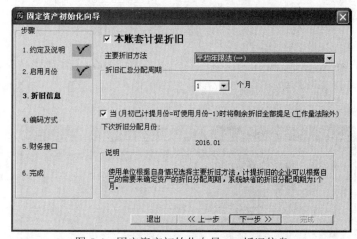

图 5-4　固定资产初始化向导——折旧信息

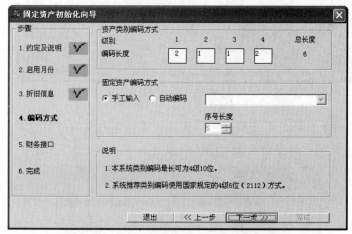

图 5-5　固定资产初始化向导——编码方式

(6) 单击【下一步】按钮,打开"固定资产初始化向导——账务接口"对话框,如图 5-6 所示。

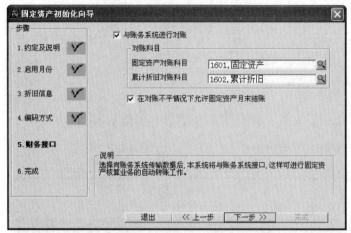

图 5-6　固定资产初始化向导——账务接口

(7) 单击"固定资产对账科目"栏参照按钮,选择"1601,固定资产",再单击"累计折旧对账科目"栏参照按钮,选择"1602,累计折旧"。单击【下一步】按钮,打开"固定资产初始化向导——完成"对话框,如图 5-7 所示。

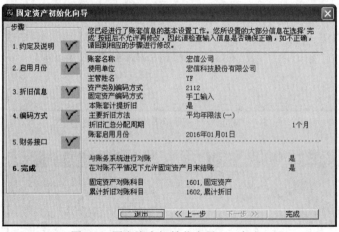

图 5-7　固定资产初始化向导——完成

(8) 单击【完成】按钮,系统提示"已经完成了新建账套的所有设置工作。是否确定所设置的信息完全正确并保存对新账套的所有设置?",如图 5-8 所示。

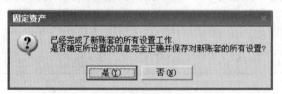

图 5-8　完成新建账套设置后的提示

(9) 单击【是】按钮，系统提示"已成功初始化本固定资产账套！"，如图 5-9 所示。

图 5-9 初始化成功提示

(10) 单击【确定】按钮，进入固定资产系统。

【知识要点】
- 在启动固定资产系统前应先在系统管理中设置相应的账套。
- 在"固定资产初始化向导——折旧信息"对话框中，"本账套计提折旧"选项是需要选定本账套是否计提折旧。按照制度规定，行政事业单位的固定资产不计提折旧，而企业的固定资产则应计提折旧。一旦选择不计提折旧，则账套内所有与折旧有关的功能均不能操作，该选项在初始化设置完成后不能进行修改。
- 系统设置了 6 种常用折旧方法，选择折旧方法以便在资产类别设置时自动带出。对具体的固定资产可以重新定义折旧方法。
- 如果选中"当(月初已计提月份=可使用月份－1)"时，将剩余折旧全部提足(工作量法除外)，则除工作量法外，只要上述条件满足，该月的月折旧额=净值－净残值，并且不能手工修改；如果不选该项，则该月不提足折旧并且可以手工修改，但是如果以后各月按照公式计算的月折旧额是负数时，则认为公式无效，令月折旧率=0，月折旧额=净值－净残值。
- 建账完成后，当需对账套中的某些参数进行修改时，可以在【固定资产】|【设置】|【选项】中重新设置；当发现某些设置错误又不允许修改(如本账套是否计提折旧)，但必须纠正时，只能通过"重新初始化"功能来实现，但应掌握的知识要点是重新初始化后将会清空对该子账套所做的一切工作。

(11) 依次单击【固定资产】|【设置】|【选项】，打开【选项】对话框，单击"与账务接口"页签。

(12) 在【选项】对话框的"与账务接口"选项卡中，依次录入或选择固定资产的"可纳税调整的增加方式"为"直接购入"；"固定资产缺省入账科目"为"1601 固定资产"；"累计折旧缺省入账科目"为"1602 累计折旧"；"可抵扣税额入账科目"为"22210101 进项税额"，如图 5-10 所示。

【做中学】
任务 2：设置与折旧对应的会计科目。
111 账套中与折旧对应的科目如表 5-1 所示。

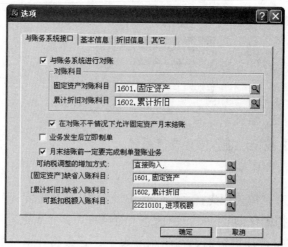

图 5-10 固定资产选择的内容

表 5-1 设置折旧科目

部门名称	折旧科目
行政部	管理费用——折旧费(660204)
财务部	管理费用——折旧费(660204)
采购部	管理费用——折旧费(660204)
销售部	销售费用(660104)

【业务处理过程】

(1) 单击【固定资产】|【设置】|【部门对应折旧科目】，打开"部门编码表"窗口，如图 5-11 所示。

图 5-11 "部门编码表"窗口

(2) 单击"行政部"所在行，再单击【修改】按钮，打开行政部"单张视图"选项卡。

(3) 单击"折旧科目"栏对照按钮，选择"660204 管理费用——折旧费"，如图 5-12 所示。

(4) 单击【保存】按钮，如图 5-13 所示。

(5) 依此方法继续设置"财务部"和"业务部"的折旧对应科目，如图 5-14 所示。

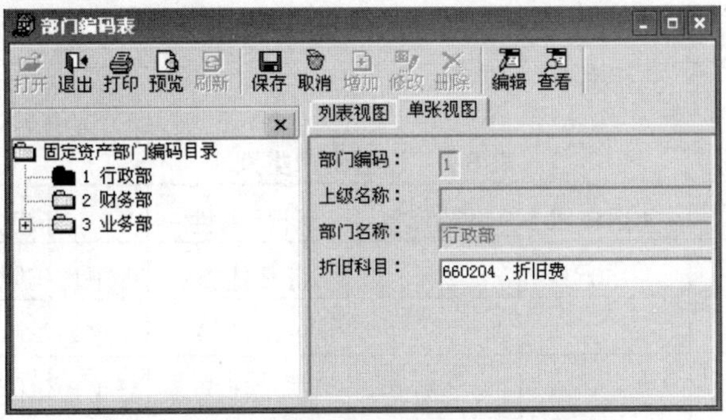

图 5-12　部门编码表"单张视图"选项卡

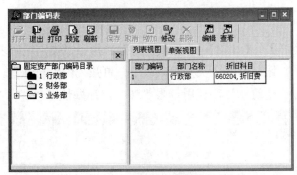

图 5-13　行政部所对应的折旧科目

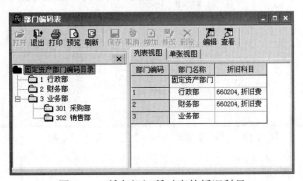

图 5-14　所有部门所对应的折旧科目

(6) 单击【退出】按钮，退出。

【知识要点】
- 在使用部门对应折旧科目功能前，必须已建立好部门档案。
- 在设置上级部门的折旧科目后，其下级部门可以自动继承，下级部门也可以选择与上级部门不同的会计科目。
- 设置折旧对应科目的目的是在企业计提固定资产折旧时，系统会根据固定资产的所属部门，直接按系统所设置的折旧对应科目生成记账凭证。

【做中学】

任务 3：设置资产类别。

111 账套固定资产类别如表 5-2 所示。

表 5-2 设置资产类别

类别编码	类别名称	使用年限	净残值率	计提属性	折旧方法	卡片样式
01	建筑物	50	2%	正常计提	平均年限法(二)	通用样式
02	设备			正常计提	平均年限法(二)	通用样式
021	办公设备	5	2%	正常计提	平均年限法(二)	通用样式
022	运输设备	15	2%	正常计提	平均年限法(二)	通用样式

【业务处理过程】

(1) 单击【固定资产】|【设置】|【资产类别】，打开"类别编码表"窗口。

(2) 单击【增加】按钮，打开"类别编码表——单张视图"对话框。

(3) 录入类别名称"建筑物"，使用年限"50"，净残值率"2"，如图 5-15 所示。

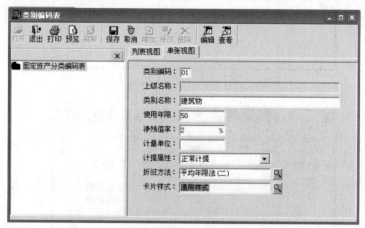

图 5-15 "类别编码表——单张视图"对话框

(4) 单击【保存】按钮。

(5) 依此方法继续录入其他的资产类别，如图 5-16 所示。

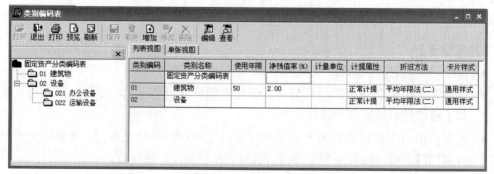

图 5-16 类别编码表

(6) 单击【退出】按钮后退出。

【知识要点】
- 只有在最新会计期间时可以增加资产类别,月末结账后则不能增加。
- 资产类别编码不能重复,同级的类别名称不能相同。
- 类别编码、名称、计提属性和卡片样式不能为空。
- 其他各项内容的输入是为了输入卡片方便要缺省的内容,可以为空。
- 非明细类别编码不能修改和删除,明细类别编码修改时只能修改本级的编码。
- 使用过的类别计提属性不允许删除或增加下级类别。

【做中学】
任务 4:设置固定资产的增减方式。
111 账套固定资产的增减方式如表 5-3 所示。

表 5-3 设置固定资产的增减方式

增 加 方 式	对应入账科目	减 少 方 式	对应入账科目
直接购入	银行存款(1002)	出售	固定资产清理(1606)
投资者投入	实收资本(4001)	投资转出	长期股权投资(1511)
在建工程转入	在建工程(1604)	报废	固定资产清理(1606)

【业务处理过程】

(1) 单击【固定资产】|【设置】|【增减方式】,打开固定资产"增减方式"窗口,如图 5-17 所示。

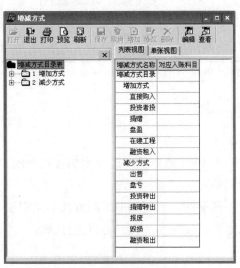

图 5-17 "增减方式"设置窗口

(2) 单击"直接购入"所在行,再单击【修改】按钮,打开"增减方式——单张视图"对话框。

(3) 单击"对应入账科目"栏参照按钮,选择"1002,银行存款",如图5-18所示。

图5-18 "增减方式——单张视图"对话框

(4) 单击【保存】按钮。
(5) 依此方法继续录入其他的固定资产增减方式所对应的会计科目,如图5-19所示。

图5-19 "增减方式——列表视图"对话框

(6) 单击【退出】按钮后退出。

【知识要点】
- 此处所设置的对应入账科目是为了在进行增加及减少固定资产业务处理时,直接生成凭证中的会计科目。
- 非明细级增减方式不能删除,已使用的增减方式不能删除。
- 生成凭证时如果入账科目发生了变化,可以进行修改。

【做中学】
任务5:录入固定资产原始卡片。
111账套固定资产的原始卡片如表5-4所示。

表 5-4 录入固定资产原始卡片

卡片编号	00001	00002
固定资产编号	02100001	02200001
固定资产名称	多功能一体机	卡车
类别编号	021	022
类别名称	办公设备	运输设备
部门名称	行政部	销售部
增加方式	直接购入	投资者投入
使用状况	在用	在用
使用年限	5 年	15 年
折旧方法	平均年限法(二)	平均年限法(二)
开始使用日期	2014 年 5 月 12 日	2014 年 4 月 23 日
币种	人民币	人民币
原值	26 000	233 300
净残值率	2%	2%
累计折旧	5 000	12 000
对应折旧科目	660204 管理费用——折旧费	660104 销售费用——折旧费

【业务处理过程】

(1) 单击【固定资产】|【卡片】|【录入原始卡片】,打开"资产类别参照"对话框,如图 5-20 所示。

图 5-20 "资产类别参照"对话框

(2) 选中"02 设备"中的"021 办公设备",再单击【确认】按钮,打开"固定资产卡片[录入原始卡片:00001 号卡片]"窗口,如图 5-21 所示。

(3) 在"固定资产编号"栏录入"02100001";在"固定资产名称"栏录入"多功能一体机";单击"部门名称"出现其参照按钮,再单击该参照按钮,打开"部门参照"对话框,单击选中"行政部"。

图 5-21　新增固定资产卡片

(4) 单击【确认】按钮。单击"增加方式"出现其参照按钮，再单击该参照按钮，打开"增加方式参照"对话框，单击选中"直接购入"。

(5) 单击【确认】按钮。单击"使用状况"出现其参照按钮，再单击该参照按钮，打开"使用状况参照"对话框，单击选中"在用"。

(6) 单击【确认】按钮。单击"开始使用日期"，在"开始使用日期"栏录入"2014-5-12"。

(7) 单击"原值"，在"原值"栏录入"26 000"。

(8) 单击"累计折旧"，在"累计折旧"栏录入"5 000"，如图 5-22 所示。

图 5-22　填制完成的固定资产卡片

(9) 单击【保存】按钮，系统提示"数据成功保存！"，如图 5-23 所示。

(10) 单击【确定】按钮，依此方法继续录入其他的固定资产原始卡片。

【知识要点】

● 卡片中的固定资产编号根据初始化或选项设置中的编码方式自动编码，或需要用户手工录入。

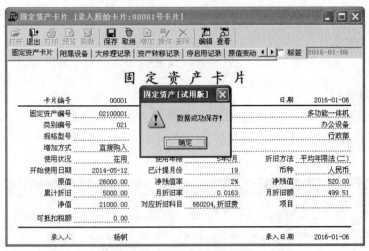

图 5-23　数据成功保存提示

- 录入人自动显示为当前操作员，录入日期为当前登录日期。
- 与计算折旧有关的项目录入后，系统会按照输入的内容将本月应提的折旧额显示在"月折旧额"项目内，可将该值与手工计算的值进行比较，判断是否有录入错误。
- 其他页签录入的内容只是为管理卡片设置，不参与计算。并且"除附属设备"外，其他内容在录入月结账后除"备注"外不能修改和输入，均由系统自动生成。
- 原值、累计折旧和累计工作量录入的一定要是卡片录入月的月初价值，否则将会出现计算错误。
- 已计提月份必须严格按照该资产已经计提的月份数，不包括使用期间停用等不计提折旧的月份，否则不能正确计算折旧。
- 开始使用日期，必须采用 YYYY-MM-DD 形式录入，其中年和月对折旧计提有影响，日不会影响折旧的计提，但是也必须录入。
- 如果输入原值和净值，可自动计算累计折旧。
- 对应的折旧科目，根据所选择的使用部门自动带出。

5.2　日常业务处理

固定资产日常业务处理的工作主要包括对固定资产进行卡片管理、处理固定资产的增减业务以及对固定资产变动进行管理。

【任务导入】

宏信公司马上要使用财务管理软件对固定资产进行管理，现在需要了解在固定资产的使用过程中，如果发现固定资产卡片的信息发生了变化应该如何进行处理，当增加固定资产时又应该如何在财务管理软件中进行操作。

【做中学】

任务 1：卡片查询。

查询 111 账套中全部固定资产卡片并查询业务部的固定资产情况。

【业务处理过程】

(1) 在"畅捷通T3——企业管理信息化软件教育专版"窗口中，单击【固定资产】|【卡片】|【卡片管理】，打开"卡片管理卡片[全部卡片，在役资产]"窗口，如图 5-24 所示。

图 5-24 "卡片管理卡片[全部卡片，在役资产]"窗口

(2) 单击左侧窗口中"固定资产部门编码目录"中的"302 销售部"，在右侧窗口中显示销售部的固定资产情况，如图 5-25 所示。

图 5-25 销售部的固定资产情况

(3) 单击【退出】按钮。

【知识要点】

- 按部门查询卡片可以从左边查询条件下拉框中选择"按部门查询"，目录区显示部门目录；选择"固定资产部门编码目录"，右边显示所有在役和已减少资产状况；选择要查询的部门名称，则右侧列表显示的就是属于该部门的卡片列表，其中在役资产和已减少资产可分别显示。

- 按类别查询卡片可以从左边查询条件下拉框中选择"按类别查询"，目录区显示类别目录；选择"分类编码表"，右边显示所有在役和已减少资产状况；选择要查询的固定资产类别，则右侧列表中显示的就是属于该类别的卡片列表，其中在役资产和已减少资产可分别显示。

- 双击某一卡片则会打开该卡片，查看该卡片中的所有内容。

【做中学】
任务2：修改固定资产卡片。
将卡片编号为"00001"的多功能一体机的折旧方式修改为"平均年限法(一)"。

【业务处理过程】
(1) 在"畅捷通 T3——企业管理信息化软件教育专版"窗口中，单击【固定资产】|【卡片】|【卡片管理】，打开"卡片管理[全部卡片]"窗口。
(2) 单击选中"00001"卡片所在行，单击【操作】按钮，打开"00001"卡片窗口，如图5-26所示。

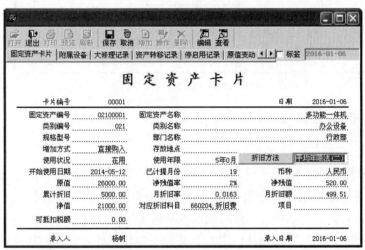

图5-26 "00001"号固定资产卡片

(3) 单击【折旧方法】按钮，打开"折旧方法参照"对话框，选中"平均年限法(一)"，如图5-27所示。

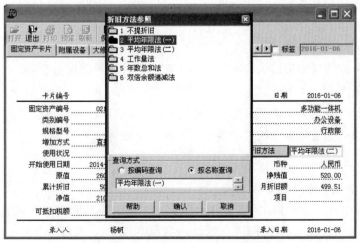

图5-27 "折旧方法参照"对话框

(4) 单击【确认】按钮,返回"00001"号固定资产卡片窗口。

(5) 单击【保存】按钮,保存修改后的卡片内容,如图 5-28 所示。

图 5-28 已修改的"00001"号固定资产卡片

(6) 单击【确定】按钮。

【知识要点】

- 原始卡片的原值、使用部门、工作总量、使用状况、累计折旧、净残值(率)、折旧方法、使用年限以及资产类别在没有做变动单或评估单的情况下,录入当月可以修改。如果做过变动单,则只有删除变动单才能进行修改。
- 通过"资产增加"录入系统的卡片,在没有制作凭证、变动单和评估单的情况下,录入当月可以修改;如果做过变动单,只有删除变动单后才能进行修改;如果已制作凭证,要修改原值或累计折旧则必须删除凭证后才能进行修改。
- 原值、使用部门、使用状况、累计折旧、净残值(率)、折旧方法、使用年限以及资产类别各项目在做过一次月末结账后,只能通过变动单或评估单进行调整,不能通过卡片修改功能进行改变。
- 卡片录入当月若发现卡片录入有错误,想删除该卡片,可以通过"卡片删除"功能实现,删除后如果该卡片不是最后 1 张,卡片编号会保留空号。
- 非本月录入的卡片不能删除。
- 卡片做过一次月末结账后不能再删除;做过变动单、评估单或凭证的卡片在删除时,系统会提示先删除相关的变动单、评估单或凭证。

【做中学】

任务 3:增加固定资产的处理方法。

2016 年 1 月 30 日,销售部购买金杯小型卡车 1 辆,买入价 53 000 元,增值税进项税额为 9 111 元。预计使用年限 10 年,预计净残值率为 3%,采用"平均年限法(一)"计提折旧。

【业务处理过程】

(1) 单击【固定资产】|【卡片】|【资产增加】,打开"资产类别参照"对话框,单击选中"02 设备"中的"022 运输设备",如图 5-29 所示。

图 5-29 "资产类别参照"对话框

(2) 单击【确认】按钮,打开"固定资产卡片[新增资产:00003 号卡片]"选项卡。

(3) 分别录入固定资产编号"02200002",固定资产名称"金杯小型卡车",录入或选择部门名称为"销售部",增加方式为"直接购入",使用状况为"在用",开始使用日期为"2016-01-30",原值为"53 000",可抵扣税额为"9111",预计使用年限为"10"年,净残值率为"3%",折旧方法为"平均年限法(一)",如图 5-30 所示。

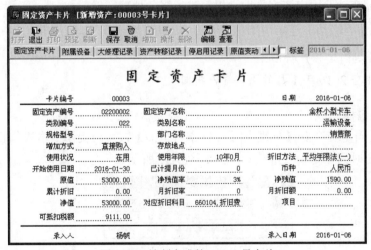

图 5-30 填制完成的 00003 号卡片

(4) 单击【保存】按钮,系统提示"数据成功保存!"后单击【确定】按钮。

【知识要点】

- 新卡片第 1 个月不提折旧,折旧额为空或 0。
- 原值录入的一定为卡片录入月的月初的价值,否则将会出现计算错误。

- 如果录入的累计折旧、累计工作量不是"0",说明是旧资产,该累计折旧或累计工作量是进入本企业前的值。
- 已计提月份必须严格按照该资产在其他单位已经计提或估计已计提的月份数,不包括使用期间停用等不计提折旧的月份,否则不能正确计算折旧。
- 如果因录入错误而减少了资产,可以使用系统提供的纠错功能来进行恢复,只有当月减少的资产才可以恢复。如果资产减少操作后已制作了凭证,则必须在删除凭证后才能进行恢复。
- 只要卡片未被删除,就可以通过卡片管理中的"已减少资产"来查看实际减少的资产。

5.3 月末业务处理

在固定资产系统中,期末业务处理的工作主要包括计提折旧、制单处理、对账和结账的处理工作。

【任务导入】

宏信公司现在使用财务管理软件对固定资产进行管理,固定资产的账务处理是财务部门的重要工作,由于宏信公司的固定资产数量和种类很多,金额也较大,因此,加强对固定资产的科学管理对企业管理来说至关重要。现在需要了解在财务管理软件中,应如何对固定资产的增减变动及固定资产折旧计提等进行账务处理。

【做中学】

任务 1:计提固定资产折旧。

计提 111 账套 2016 年 1 月的固定资产折旧。

【业务处理过程】

(1) 单击【固定资产】|【处理】|【计提本月折旧】,系统提示"本操作将计提本月折旧,并花费一定时间,是否要继续?",如图 5-31 所示。

图 5-31 计提折旧前的提示

(2) 单击【是】按钮,系统提示"是否要查看折旧清单?",如图 5-32 所示。

图 5-32 是否要查看折旧清单的提示

(3) 单击【是】按钮，生成"折旧清单"，如图 5-33 所示。

图 5-33　折旧清单

(4) 单击【退出】按钮，打开"折旧分配表"窗口，如图 5-34 所示。

图 5-34　折旧分配表

(5) 单击【凭证】按钮，生成一张计提折旧的记账凭证，选择凭证种类为"转账凭证"，单击第 3 条分录的"科目名称"参照按钮选择"1602 累计折旧"，再单击【保存】按钮，保存计提折旧的转账凭证，如图 5-35 所示。

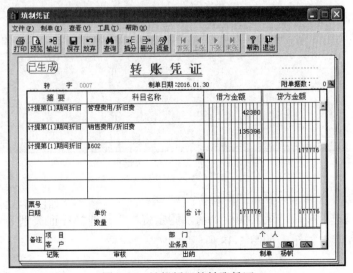

图 5-35　计提折旧的转账凭证

(6) 单击【退出】按钮后退出。

【知识要点】
- 本系统在一个会计期间内可以多次计提折旧，每次计提折旧后，只是将计提的折旧累加到月初的累计折旧中，不会重复累计。
- 如果上次计提折旧已制单并把数据传递到了账务系统，则必须删除该凭证才能重新计提折旧。
- 计提折旧后又对账套进行了影响折旧计算或分配的操作，必须重新计提折旧，否则系统不允许结账。
- 如果自定义折旧方法的月折旧率或月折旧额出现负数，系统将自动终止折旧的计提。

【做中学】
任务2： 制单处理。
将1月份的新增固定资产进行制单处理。

【业务处理过程】
(1) 单击【固定资产】|【处理】|【批量制单】，打开"批量制单"对话框。
(2) 单击【制单】按钮，如图5-36所示。

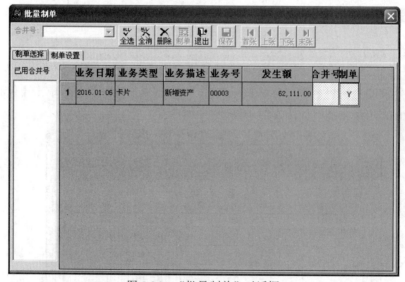

图5-36 "批量制单"对话框

(3) 单击"制单设置"页签，如图5-37所示。
(4) 单击【制单】按钮，录入摘要"增加固定资产"，选择凭证类别为"付款凭证"。
(5) 单击【保存】按钮，如图5-38所示。

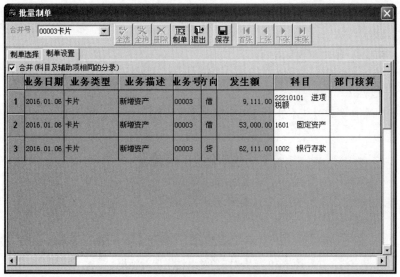

图 5-37 新增固定资产的制单设置

图 5-38 新增固定资产的付款凭证

【知识要点】
- 在固定资产系统中所生成的凭证可以在"凭证查询"功能中进行查询、修改和删除的操作。
- 由固定资产系统传递到总账系统中的凭证,在总账系统中不能修改和删除。
- 修改凭证时,能修改的内容仅限于摘要、用户自行增加的凭证分录以及系统缺省的折旧科目,而系统缺少的分录的金额是与原始交易相关的,不能进行修改。

【做中学】

任务3：对账。

将固定资产系统与总账进行对账。

【业务处理过程】

(1) 单击【固定资产】|【处理】|【对账】，打开"与账务对账结果"对话框，如图5-39所示。

图5-39　"与账务对账结果"对话框

(2) 单击【确定】按钮。

【知识要点】

- 111账套在固定资产系统中所填制的记账凭证还未在总账系统中记账，因此，固定资产系统的数据与总账系统不一致。
- 如果对账不平，需要根据初始化时是否选中"在对账不平情况下允许固定资产月末结账"来判断是否可以进行结账处理。
- 由于111账套选择了"在对账不平情况下允许固定资产月末结账"，因此，结账前可以不进行对账，即使对账不平也可以进行结账处理。

【做中学】

任务4：结账。

对111账套固定资产系统进行结账。

【业务处理过程】

(1) 单击【固定资产】|【处理】|【月末结账】，打开"月末结账"对话框，如图5-40所示。

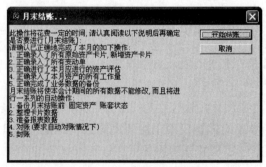

图5-40　"月末结账"对话框

(2) 单击【开始结账】按钮,系统显示与账务对账结果。

(3) 单击【确定】按钮,系统显示"月末结账成功完成!",如图 5-41 所示。

图 5-41 月末结账成功对话框

(4) 单击【确定】按钮,出现系统提示,如图 5-42 所示。

图 5-42 月末结账成功后的提示

(5) 单击【确定】按钮。

【知识要点】
- 本期不结账,将不能处理下期的数据;结账前一定要进行数据备份。
- 不能跨年度恢复数据,即本系统年末结转后,不能利用本功能恢复年末结转。

【做中学】
任务 5:查询账表。
查看 111 账套 2016 年 1 月"固定资产折旧计算明细表"(固定资产类别为 1—1 级)。

【业务处理过程】
(1) 单击【固定资产】|【账表】|【我的账表】,打开"报表"窗口,如图 5-43 所示。

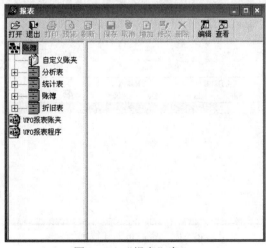

图 5-43 "报表"窗口

(2) 单击左框中的"折旧表",在右侧框中将列出所有的折旧表,如图 5-44 所示。

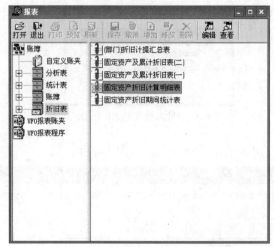

图 5-44 "报表——折旧表"窗口

(3) 双击右框中的"固定资产折旧计算明细表",打开"条件——[固定资产折旧计算明细表]"对话框。选择类别级次为 1—1 级,如图 5-45 所示。

图 5-45 "条件——[固定资产折旧计算明细表]"对话框

(4) 单击【确定】按钮,打开"固定资产折旧计算明细表",如图 5-46 所示。

图 5-46 固定资产折旧计算明细表

【知识要点】

- 系统提供了 4 种分析表，即部门构成分析表、价值结构分析表、类别构成分析表和使用状况分析表。管理者可以通过这些分析表了解企业固定资产的计提折旧情况，以及剩余价值大小等内容。
- 系统提供了 7 种统计表，即固定资产原值一览表、固定资产统计表、评估汇总表、评估变动表、盘盈盘亏报告表、逾龄资产统计表及役龄资产统计表。这些表从不同的侧面对固定资产进行统计分析，使管理者可以全面细致地了解企业对资产的管理，为及时掌握资产的价值、数量以及新旧程度等指标提供了依据。
- 系统提供了 4 种折旧表，即部门折旧计提汇总表、固定资产及累计折旧表(一)、固定资产及累计折旧表(二)和固定资产折旧计算明细表。通过固定资产折旧表可以了解并掌握企业所有固定资产在本期和本年中的某个部门、某类别固定资产的计提折旧及明细情况。
- 重新初始化账套会删除该账套所做的所有操作。

实验十三　固定资产系统初始化

【实验准备】

已经完成了实验三的操作。将系统日期修改为"2016 年 1 月 8 日"，引入光盘中的"333 账套备份\333-3"或"333 账套备份\333-12"，由操作员"CL(密码：001)"注册进入"畅捷通 T3——企业管理信息化软件教育专版"系统。

【实验要求】

1. 启用"固定资产"系统(启用日期：2016 年 1 月 1 日)。
2. 建立固定资产子账套。
3. 基础设置。
4. 录入原始卡片。

【实验资料】

1. 333 账套固定资产系统的参数

固定资产账套的启用月份为"2016 年 1 月"，固定资产采用"平均年限法(一)"计提折旧，折旧汇总分配周期为"1 个月"，当"月初已计提月份=可使用月份-1"时将剩余折旧全部提足。固定资产编码方式为"2112"并采用自动编码方式，编码方式为"类别编码＋序号"，序号长度为"5"。要求固定资产系统与总账进行对账，对账科目为"1601 固定资产"，累计折旧对账科目为"1602 累计折旧"，对账不平衡的情况下允许固定资产月末结账。设置固定资产的选项，要求业务发生时"立即制单"，可纳税调整的增加方式为"直接购入"，固定资产默认入账科目为"1601 固定资产"，累计折旧默认入账科目为"1602 累计折旧",可抵扣税额入账科目为"22210101 进项税额"。

2. 部门对应折旧科目(见表5-5)

表 5-5 部门对应折旧科目

部门名称	贷方科目
行政部	管理费用——折旧费(660204)
财务部	管理费用——折旧费(660204)
采购部	管理费用——折旧费(660204)
销售部	销售费用(6601)
生产车间	制造费用(5101)

3. 固定资产类别(表5-6)

表 5-6 固定资产类别

类别编码	类别名称	使用年限	净残值率	计提属性	折旧方法	卡片样式
01	房屋及建筑物				平均年限法(一)	通用样式
011	办公楼	30	2%	正常计提	平均年限法(一)	通用样式
012	厂房	30	2%	正常计提	平均年限法(一)	通用样式
02	机器设备				平均年限法(一)	通用样式
021	办公设备	5	3%	正常计提	平均年限法(一)	通用样式

4. 固定资产增减方式(表5-7)

表 5-7 固定资产增减方式

增加方式	对应入账科目	减少方式	对应入账科目
直接购入	银行存款——工行存款(100201)	出售	固定资产清理(1606)
投资者投入	实收资本(4001)	投资转出	长期股权投资(1511)
盘盈	待处理财产损溢(1901)	盘亏	待处理财产损溢(1901)
在建工程转入	在建工程(1604)	报废	固定资产清理(1606)

5. 固定资产原始卡片(表5-8)

表 5-8 固定资产原始卡片

卡片编号	00001	00002	00003
固定资产编号	01100001	01200001	02100001
固定资产名称	1号楼	2号楼	电脑
类别编号	011	012	021
类别名称	办公楼	厂房	办公设备

(续表)

部门名称	行政部	行政部	财务部
增加方式	在建工程转入	在建工程转入	直接购入
使用状况	在用	在用	在用
使用年限	30 年	30 年	5 年
折旧方法	平均年限法(一)	平均年限法(一)	平均年限法(一)
开始使用日期	2012-01-08	2013-03-10	2115-06-01
币种	人民币	人民币	人民币
原值	400 000	450 000	20 000
净残值率	2%	2%	3%
累计折旧	37 800	25 515	1 944
对应折旧科目	管理费用——折旧费	管理费用——折旧费	管理费用——折旧费

实验十四 固定资产业务处理

【实验准备】

已经完成了实验十三的操作。可以引入光盘中的"333 账套备份\333-13",将系统日期修改为"2016 年 1 月 31 日",由操作员"CL(密码:001)"注册进入"畅捷通 T3——企业管理信息化软件教育专版"系统。

【实验要求】

1. 修改固定资产卡片。
2. 增加固定资产。

【实验资料】

1. 修改固定资产卡片

将卡片编号为"00003"的固定资产(电脑)的折旧方式由"平均年限法(一)"修改为"双倍余额递减法"。

2. 新增固定资产

2016 年 1 月 15 日直接购入一台联想 S3#电脑并交付销售部使用,预计使用年限为 5 年,原值为 12 000 元,进项税额为 2 040 元,净残值率为 3%,采用"年数总和法"计提折旧。

实验十五 固定资产期末处理

【实验准备】

已经完成了实验十四的操作。可以引入光盘中的"333 账套备份/333-14",将系统日期修改为"2016 年 1 月 31 日",由操作员"CL(密码:001)"注册进入"畅捷通 T3——企业管理信息化软件教育专版"系统。

【实验要求】

1. 折旧处理。

2. 查看增加固定资产的记账凭证(如在选项中未选中业务发生时"立即制单",则应生成增加固定资产的记账凭证后再查看)。

3. 在总账系统中对未审核的凭证进行审核并记账。

第 6 单元　采购与付款管理

【学习目标】

知识目标

掌握采购管理系统中的采购业务处理的流程；掌握采购订单管理、采购入库、采购发票、采购结算、采购付款等业务处理的原理和操作方法，以及采购账表的查询方法。

能力目标

能够为采购管理系统日常业务处理做好充分的准备；能够根据企业日常业务的发生情况进行采购订货、采购到货并进行采购结算的业务处理；能够对各种形式的采购付款进行处理。

采购管理系统主要提供对企业采购业务全流程的管理，它支持以采购订单为核心的业务模式，其主要任务是在采购管理系统中处理采购入库单和采购发票，并根据采购发票确认采购入库成本及对采购付款的全过程进行管理。

6.1　初始化

采购管理系统初始化的内容主要包括设置采购业务的业务范围，录入有关的期初数据并进行期初记账的处理。

【任务导入】

宏信公司自 2016 年 1 月启用畅捷通 T3 管理软件中的"购销存管理"系统和"核算"系统，现在已经完成了"购销存管理"系统和"核算"系统所有的初始设置工作。在此首先需要了解购销存系统中的"采购与付款"业务，在进行日常业务处理之前还需要做好哪些准备工作、在操作中需要掌握的知识点有哪些；然后具体了解采购系统期初余额与总账系统期初余额的关系，以及采购系统期初记账的作用。

【做中学】

任务 1：采购系统初始化。

恢复光盘中"111 账套备份/第 6 单元初始账套"备份；录入应付款项的期初余额并与总账进行对账；对采购系统进行期初记账。

采购系统中应付款项的期初余额如表 6-1 所示。

表 6-1 期初余额

单据类型	发票号	时间	供应商	存货	数量	单价	税率	金额	会计科目
采购专用发票	321123	2015-11-16	天宜公司	CC003	20	1 800	17%	42 120	应付账款(2202)
预付款		2015-11-11	齐星公司					150 000	预付账款(1123)

【业务处理过程】

(1) 将光盘中"111 账套备份/第 6 单元初始账套"复制到 D 盘中。

(2) 以系统管理员"admin"的身份注册登录"系统管理"，单击【账套】|【恢复】，恢复"111 账套备份/第 6 单元初始账套"备份。

(3) 由业务主管"YWZG 江洋"登录"畅捷通 T3——企业管理信息化软件教育专版"系统。

(4) 单击【采购】|【供应商往来】|【供应商往来期初】，打开"期初余额——查询"对话框。

(5) 单击【确认】按钮，打开"期初余额明细表"窗口。

(6) 单击【增加】按钮，增加 1 张"采购专用发票"，录入采购专用发票的内容，如图 6-1 所示。

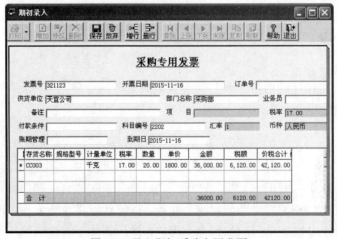

图 6-1 录入期初采购专用发票

(7) 单击【保存】按钮。

(8) 单击【退出】按钮,返回"期初余额明细表"。

(9) 单击【增加】按钮,选择单据类别,单据名称为"预付款",单据类型为"付款单"。

(10) 单击【确认】按钮,打开"预付款"对话框,录入预付款单据的所有内容,如图 6-2 所示。

图 6-2 "期初录入——预付款"对话框

(11) 单击【保存】按钮,再单击【退出】按钮,返回"期初余额明细表"。

(12) 单击【对账】按钮,系统显示对账结果,如图 6-3 所示。

图 6-3 应付款期初余额与总账的对账结果

【做中学】

任务 2:采购系统期初记账。

将采购系统进行期初记账。

【业务处理过程】

(1) 由业务主管"YWZG 江洋"登录"畅捷通 T3——企业管理信息化软件教育专版"系统。

(2) 单击【采购】|【期初记账】,打开"期初记账"对话框,如图 6-4 所示。

(3) 单击【记账】按钮,系统显示"期初记账完毕"。

(4) 单击【确定】按钮。

图 6-4 "期初记账"对话框

【知识要点】
- 没有期初数据时,也必须执行期初记账,以便输入日常采购的单据数据。
- 月末结账后不能取消期初记账。

6.2 采购业务

采购管理系统的日常业务处理主要包括填制并审核采购订单、填制入库单、填制采购发票、进行采购结算和进行采购付款等业务内容。

【任务导入】
宏信公司现在已经完成了购销存系统及存货核算系统的公共基础设置,并且完成了采购管理系统的期初余额的录入,进行了采购管理系统的期初记账,现在开始进行采购日常业务的处理。通过对手工采购业务全流程的了解,知道了采购业务都要经过哪些过程以及需要完成哪些任务,要进一步地了解在电算化方式下采购业务处理的流程,开始在软件中进行采购业务的处理。现在需要了解如何在软件中根据实际业务录入采购订单、采购入库单、采购发票并进行采购结算;同时还要知道,如果有操作错误,应该如何进行修改。

【做中学】
任务 1:填制采购订单。
2016 年 1 月 12 日,企业分别与齐星公司和天宜公司签订订购协议,订购内容如表 6-2 所示,税率均为 17%。

表 6-2 采购订单

供货单位	存货	数量	单价	计划到货日期
齐星公司	TT008	30	3 500	1 月 18 日
	CC003	15	1 800	1 月 18 日
天宜公司	SS999	1500	26	1 月 18 日

【业务处理过程】
(1) 由采购员"CGY 林琼"登录"畅捷通 T3——企业管理信息化软件教育专版"系统。

(2) 单击【采购】|【采购订单】，打开"采购订单"窗口。

(3) 单击【增加】按钮，录入采购订单的所有内容，如图6-5所示。

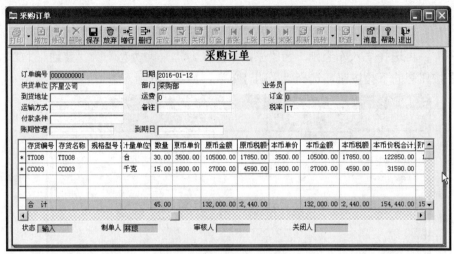

图6-5 已填制的采购订单

(4) 单击【保存】按钮。

(5) 单击【审核】按钮。

(6) 单击【增加】按钮，继续录入另一张采购订单，保存并审核。

【知识要点】

- 审核过的订单不能修改，除非取消审核。
- 按照采购订单计划的到货日期规定，当在规定的到货日期内货物没有收到时，就可以向供货单位发出催货函。企业实际操作时，可以根据货物的在途运输时间提前发出催货函。如果不清楚哪个供应商的订单没有发货，可以先查询订单执行统计表。
- 采购订单执行完毕，即某采购订单已入库并且已付款取得采购发票后，该订单就可以执行关闭了。对于确实不能执行的某些采购订单，经采购主管批准后，也可以关闭该订单，订单关闭采用人工关闭方式。

【做中学】

任务2：填制采购入库单。

(1) 2016年1月18日，由采购部"CGY 林琼"向"齐星公司"订购的TT008和CC003材料到货并验收存入"原料库"。入库时发现原订TT008为30台，实际到货为31台(经协商按31台入库并付款)；原订CC003材料15千克，实际到货15千克。

(2) 2016年1月18日，由采购部"CGY 林琼"向"天宜公司"订购的SS999材料1 500千克到货，验收后存入"原料库"，入库数量实际为1 498千克，发生定额内损耗2千克。

【业务处理过程】

(1) 2016 年 1 月 18 日,由业务主管"CGY 林琼"登录"畅捷通 T3——企业管理信息化软件教育专版"系统。

(2) 单击【采购】|【采购入库单】,打开"采购入库"窗口。

(3) 单击【增加】按钮,增加 1 张"采购入库单";单击"仓库"栏参照按钮,选择"原料库";再选择"入库类别"为"采购入库","采购类型"为"普通采购";单击【选单】按钮旁的下拉按钮,选择"采购订单",如图 6-6 所示。

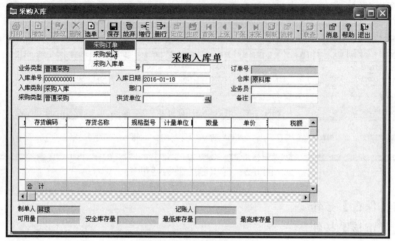

图 6-6 "采购入库"窗口

(4) 单击"采购订单"选项,打开"单据拷贝"窗口。

(5) 单击【过滤】按钮,打开"订单列表"对话框。

(6) 单击"选择"栏,选中要生成采购入库单的采购订单,如图 6-7 所示。

图 6-7 "订单列表"对话框

(7) 单击【确认】按钮，生成 1 张"采购入库单"，如图 6-8 所示。

图 6-8　直接生成的采购入库单

(8) 将 TT008 的数量修改为"31"。

(9) 单击【保存】按钮，继续录入"SS999"材料入库的采购入库单，如图 6-9 所示。

图 6-9　SS999 入库的采购入库单

(10) 单击【退出】按钮，退出"采购入库"窗口。

【知识要点】

● 入库单填写完毕后，如果启用了库存管理系统，应由仓库管理员审核确认入库单，否则可以由采购人员审核。

- "仓库"文本框必须输入，可以参照输入；输入单据体的存货后，"仓库"文本框不能修改，除非删除表体中的各货物行数据。
- 在输入存货时按 F2 键，或用鼠标单击"存货参照"按钮，系统给出"存货参照"界面。如果在仓库档案权限设置中定义了某一仓库对应的存货分类或存货，在参照录入表体存货时则只显示该仓库所对应的存货；否则，则显示所有属性为"外购"的存货。

【做中学】

任务 3：录入采购发票并进行采购结算(自动结算)。

2016 年 1 月 18 日，收到"齐星公司"购买 TT008 和 CC003 的采购专用发票 1 张，发票列明 TT008 为 31 千克，单价为 3 555 元；CC003 为 15 千克，单价为 1 780 元。由业务主管"YWZG 江洋"根据"采购入库单"生成"采购专用发票(No.34569)"。

【业务处理过程】

(1) 2016 年 1 月 18 日，由采购员"CGY 林琼"登录"畅捷通 T3——企业管理信息化软件教育专版"系统。

(2) 单击【采购】|【采购发票】，打开"采购发票"窗口。

(3) 单击【增加】按钮旁的下拉按钮，选中"专用发票"。

(4) 单击"专用发票"选项，打开"采购专用发票"填写界面。

(5) 单击【选单】按钮旁的下拉按钮，选中"采购入库单"，如图 6-10 所示。

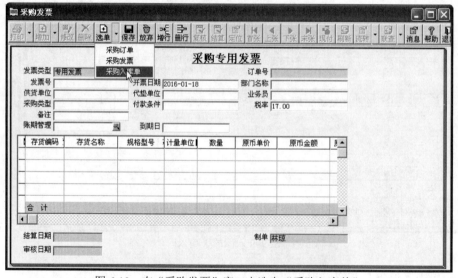

图 6-10 在"采购发票"窗口中选中"采购入库单"

(6) 单击"采购入库单"选项，打开"单据拷贝"窗口。

(7) 单击【过滤】按钮，打开"入库单列表"对话框。

(8) 双击"选择"栏，选中要生成采购专用发票的采购入库单，如图 6-11 所示。

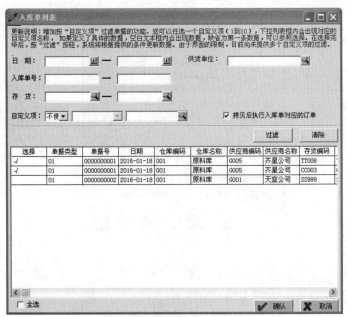

图 6-11 选中要生成采购专用发票的入库单

(9) 单击【确认】按钮，生成 1 张"采购专用发票"，录入发票号"34569"，修改"TT008"的单价为"3 555"、"CC003"的单价为"1 780"，如图 6-12 所示(注：限于软件界面窗口大小，图中个别栏目中的数字未显示完整，读者可在计算机中进行实际操作时查看到完整数据)。

图 6-12 直接生成的采购专用发票

(10) 单击【保存】按钮。
(11) 更换操作员为"YW01"，审核所有的采购发票。
(12) 单击【采购】|【采购结算】|【自动结算】，打开"自动结算"对话框。
(13) 单击"供应商"文本框的参照按钮，选择"齐星公司"，如图 6-13 所示。

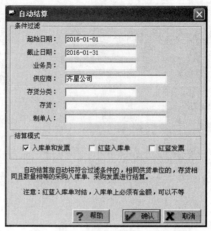

图 6-13 "自动结算"对话框

(14) 单击【确认】按钮后，出现系统提示"结算模式[入库单和发票]，状态：全部成功，共处理了[1]张单据"，如图 6-14 所示。

图 6-14 自动结算后的"采购管理"提示对话框

(15) 单击【确定】按钮，完成自动结算的操作。

【知识要点】
- 采购结算可以在填写发票界面时结算，也可以在结算功能中，集中进行采购结算。
- 如果没有期初记账，则不能进行采购结算。
- 如果当前操作日期已在月末结账的日期范围，则不能进行采购结算，必须注销账套，并在重新注册时调整操作日期。如果采购结算确实应核算在当前操作日期所在的会计月内，那么可以先取消该月的月末结账后再做采购结算。
- 入库单与采购发票可以分次结算，即入库单中的 1 条记录可与采购发票进行多次结算。

【做中学】
任务 4： 收到发票后进行采购结算(手工结算)。

2016 年 1 月 18 日，收到天宜公司购买"SS999"采购专用发票 1 张(No.121212)。发票列明 SS999 为 1 500 千克，单价为 26 元；另收到 1 张采购运费发票(No.2314)，运费共计 100 元。由采购员"CGY 林琼"根据"采购入库单"生成"采购专用发票"，并填制"采购运费发票"，查看"采购结算单列表"。

【业务处理过程】
(1) 2016 年 1 月 18 日，由采购员"CGY 林琼"登录"畅捷通 T3——企业管理信息化软件教育专版"。

(2) 单击【采购】|【采购发票】，打开"采购专用发票"窗口。
(3) 单击【选单】按钮旁的下拉按钮，选中"采购入库单"。
(4) 单击"采购入库单"选项，打开"单据拷贝"窗口。
(5) 单击【过滤】按钮，打开"入库单列表"对话框。
(6) 双击"选择"栏，选中要生成采购专用发票的采购入库单，如图 6-15 所示。

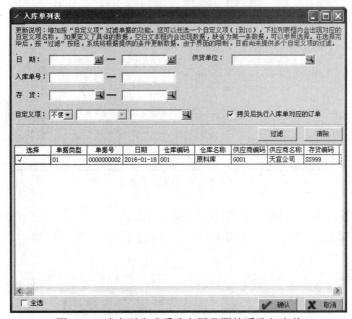

图 6-15　选中要生成采购专用发票的采购入库单

(7) 单击【确认】按钮，生成 1 张"采购专用发票"，录入发票号"121212"，修改发票中的"数量"为"1500"，如图 6-16 所示。

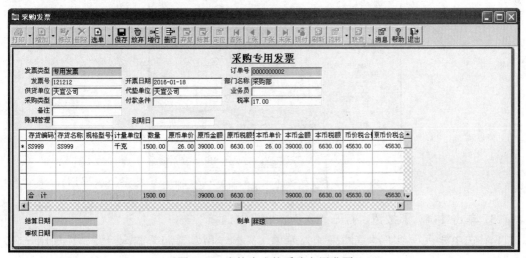

图 6-16　直接生成的采购专用发票

(8) 单击【保存】按钮。

(9) 依此方法继续录入"采购运费发票",如图 6-17 所示。

图 6-17 采购运费发票

(10) 更换操作员为"YW01",审核所有的采购发票。

(11) 单击【采购】|【采购结算】|【手工结算】,打开手工结算的"条件输入"对话框。

(12) 单击"供应商"文本框的参照按钮,选择"天宜公司",如图 6-18 所示。

图 6-18 手工结算的"条件输入"对话框

(13) 单击【确认】按钮,打开"入库单和发票选择"窗口。

(14) 选中要进行手工结算的采购入库单、采购专用发票和采购运费发票,如图 6-19 所示。

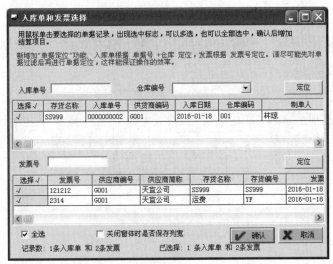

图 6-19 "入库单和发票选择"对话框

(15) 单击【确认】按钮，返回"手工结算"窗口。

(16) 单击【分摊】按钮(默认将运费按金额分摊)，系统提示"选择按金额分摊，是否开始计算？"。

(17) 单击【是】按钮，系统提示"费用分摊(按金额)完毕，请检查"。

(18) 单击【确定】按钮，进入分摊运费后的"手工结算"窗口，将单据号为"121212"所在行对应的"合理损耗数量"修改为"2"，如图6-20所示。

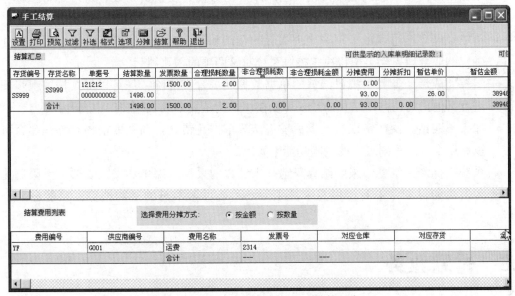

图 6-20 录入合理损耗的"手工结算"窗口

(19) 单击【结算】按钮，系统提示"完成结算"。

(20) 单击【确定】按钮，结算完毕，再单击【退出】按钮后退出。

(21) 单击【采购】|【采购结算】|【采购单明细列表】，打开"采购结算单列表"窗

口，查询本次结算结果，如图 6-21 所示。

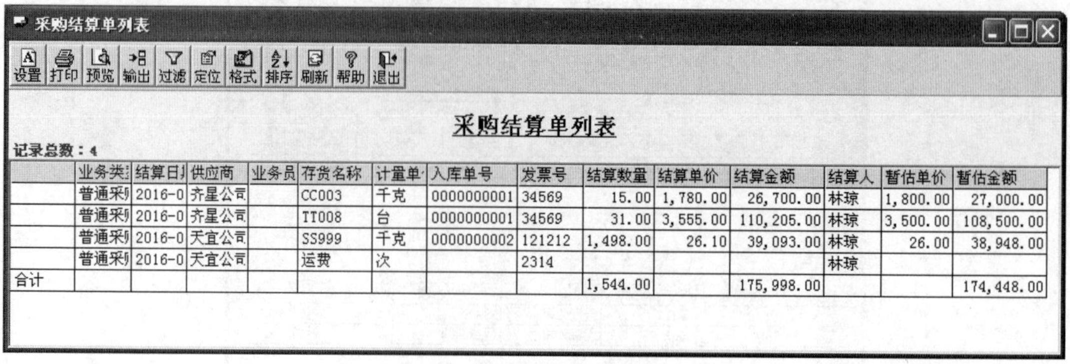

	业务类	结算日	供应商	业务员	存货名称	计量单	入库单号	发票号	结算数量	结算单价	结算金额	结算人	暂估单价	暂估金额
	普通采	2016-0	齐星公司		CC003	千克	0000000001	34569	15.00	1,780.00	26,700.00	林琼	1,800.00	27,000.00
	普通采	2016-0	齐星公司		TT008	台	0000000001	34569	31.00	3,555.00	110,205.00	林琼	3,500.00	108,500.00
	普通采	2016-0	天宜公司		SS999	千克	0000000002	121212	1,498.00	26.10	39,093.00	林琼	26.00	38,948.00
	普通采	2016-0	天宜公司		运费	次		2314				林琼		
合计									1,544.00		175,998.00			174,448.00

图 6-21　采购结算单列表

【知识要点】

- 企业如果选择了带有折扣金额的发票，系统将把折扣金额在“结算费用列表”中显示出来，在结算时再将折扣金额分摊到对应的入库单及发票的存货中去，改变存货成本。
- 如果企业要把某些运费、挑选整理费等费用按会计制度摊入采购成本，那么可以选择“费用发票”。
- 入库单、发票选择完毕后，用鼠标单击【确认】按钮，计算机自动将本次选择的数据汇总，以汇总表显示出来。当入库货物数量＝发票货物数量+合理损耗数量+非合理损耗数量时可以结算。
- 可以在结算汇总表中处理非合理损耗的金额和非合理损耗进项税转出金额，此处确定的非合理损耗类型将决定核算系统对这两项的入账科目。
- 结算完成后，计算机把已结算的单据数据从屏幕上清除，您可以继续按以上步骤进行其他采购结算，结算的结果可以在“采购结算单列表”窗口中查看到。
- 如果采购结算操作错误或结算后发现结算单据有错误，需要取消该结算，那么可以利用采购结算列表中的删除功能来实现。
- 系统支持跨月结算，采购结算只选择未结算的采购入库单和采购发票，不限制业务发生的日期。本月已做月末结账后，不能再做本月的采购结算，只能在下个月做。

6.3　付款业务

当采购业务发生后应进行采购付款的处理，主要包括在采购业务发生后直接付款业务的处理，暂欠货款的处理，支付部分货款、多支付货款或同时使用预付款的处理，以及转账付款等不同付款方式的业务处理方法。

【任务导入】

宏信公司已经在软件中根据实际业务需要录入了采购订单、采购入库单、采购发票，并进行了采购结算。那么应该如何在系统中进行付款的结算呢？接下来要进一步了解到底可以有几种付款方式，以及应该如何进行相应的付款业务的处理。

【做中学】

任务 1：多支付货款的处理。

2016 年 1 月 30 日，本企业出纳"ZQ 赵强"开出"转账支票"1 张，支付给"齐星公司"购买 TT008 和 CC003 的货税款 160 178.85 元。

【业务处理过程】

(1) 由出纳"ZQ 赵强"登录"畅捷通 T3——企业管理信息化软件教育专版"系统。

(2) 单击【采购】|【供应商往来】|【付款结算】，打开"单据结算——付款单"窗口。

(3) 单击"供应商"栏参照按钮，选择"G005 齐星公司"。

(4) 单击【增加】按钮。

(5) 单击"结算方式"栏参照按钮，选择"2 转账支票"；单击"结算科目"栏参照按钮，选择"1002 银行存款"科目。

【知识要点】

● 只有在"核算"系统中设置了"结算方式对应科目"后，此处才可以自动按所选择的"结算方式"生成与相应的结算方式所对应的"结算科目"。

(6) 在"金额"栏录入"160 178.85"；单击"部门"栏参照按钮，选择"2 财务部"；在"摘要"栏录入"支付采购款"，如图 6-22 所示。

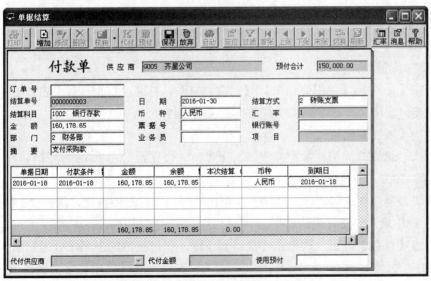

图 6-22 已录入付款金额的付款单

(7) 单击【保存】按钮，再单击【核销】按钮，在付款单的下半部分显示出了待核销的单据及对应的金额。

(8) 在"本次结算"栏录入"160 178.85",如图6-23所示。

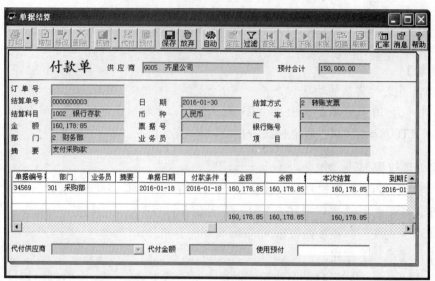

图6-23 已录入本次结算金额的付款单

(9) 单击【保存】按钮,对本次付款金额和应付款金额进行完全核销。

【做中学】

任务2：采购付款的业务处理。

2016年1月30日,开出50 000元的转账支票1张,支付给"天宜公司"购买SS999货税款45 730元,余款形成预付款。

【业务处理过程】

(1) 2016年1月30日,由出纳"ZQ 赵强"登录"畅捷通T3——企业管理信息化软件教育专版"系统。

(2) 单击【采购】|【供应商往来】|【付款结算】,打开"单据结算"窗口。

(3) 单击"供应商"栏参照按钮,选择"G001 天宜公司"。

(4) 单击【增加】按钮。

(5) 单击"结算方式"栏参照按钮,选择"2 转账支票",单击"结算科目"栏参照按钮,选择"1002 银行存款"。

(6) 在"金额"栏录入"50 000.00";单击"部门"栏参照按钮,选择"2 财务部";在"摘要"栏中录入"支付采购款"。

(7) 单击【保存】按钮,再单击【核销】按钮,在付款单的下半部分显示出了待核销的单据及对应的金额。

(8) 在第1行"本次结算"栏录入"45 630",在第2行"本次结算"栏录入"100",如图6-24所示。

图 6-24 已录入本次结算金额的付款单

(9) 单击【保存】按钮，对本次付款金额和应付款金额进行了部分核销。

【知识要点】

- 本次付款金额为 50 000 元，结算金额为 45 730，付款金额大于结算金额，余款形成预付款为 4 270 元。

【做中学】

任务 3：转账业务处理。

2016 年 1 月 30 日，收到向天宜公司采购"CC003" 15 千克，单价为 1 800 元的采购发票(No.4561)，货物已验收入库(原料库)；次日开出 1 张 30 000 元的转账支票，支付部分货税款，不足的部分使用"预付款"(1 590 元)进行结算。

【业务处理过程】

(1) 2016 年 1 月 30 日，由业务主管"YWZG 江洋"登录"畅捷通 T3——企业管理信息化软件教育专版"系统。

(2) 单击【采购】|【采购发票】，打开"采购发票"窗口。

(3) 单击【增加】按钮旁的下三角按钮，选中"专用发票"。

(4) 单击"专用发票"选项，打开"采购专用发票"窗口。

(5) 录入发票的所有内容，单击【保存】按钮，如图 6-25 所示。

(6) 复核该张采购专用发票。

(7) 在已审核的"采购专用发票"窗口中，单击【流转】按钮旁的下三角按钮，选择"生成采购入库单"。

(8) 生成 1 张"采购入库单"。

(9) 单击"仓库"栏参照按钮，选择"原料库"。

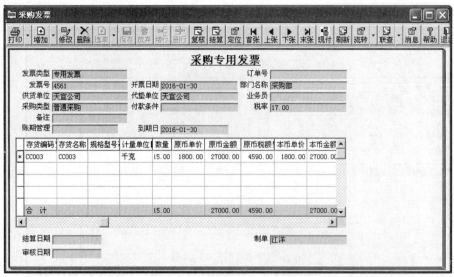

图 6-25 已填制的采购专用发票

(10) 单击【保存】按钮,如图 6-26 所示。

图 6-26 已生成的采购入库单

(11) 单击【退出】按钮,退出"采购入库单"窗口。

(12) 单击【采购】|【采购结算】|【自动结算】,打开"自动结算"对话框。

(13) 单击"供应商"栏参照按钮,选择"天宜公司"。

(14) 单击【确认】按钮,出现系统提示"结算模式[入库单和发票],状态:全部成功,共处理了[1]张单据"。

(15) 单击【确定】按钮,完成自动结算的操作。

(16) 由出纳"ZQ 赵强"登录"畅捷通 T3——企业管理信息化软件教育专版"系统。

(17) 单击【采购】|【供应商往来】|【付款结算】,打开"单据结算——付款单"

窗口。

(18) 单击"供应商"栏参照按钮，选择"天宜公司"，单据显示天宜公司预付合计为"1 590"元。

(19) 单击【增加】按钮。

(20) 单击"结算方式"栏参照按钮，选择"2 转账支票"；单击"结算科目"栏参照按钮，选择"1002 银行存款"。

(21) 在"金额"栏中录入"30 000"；单击"部门"栏参照按钮，选择"2 财务部"，在"摘要"栏录入"支付采购款"。

(22) 单击【保存】按钮，再单击【核销】按钮，在付款单的下半部分显示出了待核销的单据以及对应的金额。

(23) 在付款单右下方的"使用预付"栏中录入"1 590"；在"本次结算"栏录入"31 590"，如图 6-27 所示。

(24) 单击【保存】按钮。

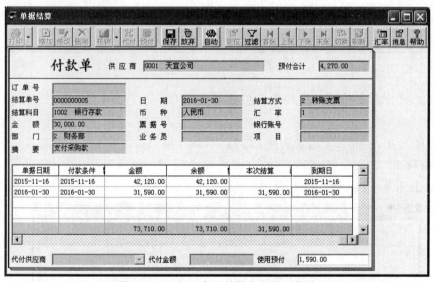

图 6-27 已录入本次结算金额的付款单

【知识要点】

● 本次付款金额为 30 000 元，结算金额为 31 590 元，付款金额大于结算金额，差额部分使用"预付款"功能进行结算。

【做中学】

任务 4：转账业务处理(应付冲应付)。

2016 年 1 月 30 日，收到天宜公司采购"SS999"1 000 千克，单价为 25 元的采购发票(No.9901)，货物已验收入库(原料库)；31 日经协商决定将本次的应付款 29 250 元中的 10 000 元转给"齐星公司"。

【业务处理过程】

(1) 2016 年 1 月 30 日,由采购员"CGY 林琼"填制 1 张采购专用发票,如图 6-28 所示。

图 6-28　已填制的采购发票

(2) 单击【保存】按钮,更换操作员为"YWZG",单击【复核】按钮,审核该张发票。

(3) 2016 年 1 月 30 日,由采购员"CGY 林琼"填制并生成 1 张"采购入库单",仓库选择"原料库"。

(4) 单击【保存】按钮,如图 6-29 所示。

图 6-29　已填制完成的采购入库单

(5) 进行采购发票与采购入库单的自动结算。

(6) 系统提示结算成功。

(7) 由出纳"ZQ 赵强"在"2016-01-30"登录"畅捷通 T3——企业管理信息化软件教育专版"系统。

(8) 单击【采购】|【供应商往来】|【应付冲应付】,打开"应付冲应付"对话框。

(9) 录入转出户"齐星公司",再录入转入户"天宜公司"。

(10) 单击【过滤】按钮,录入并账金额"10 000",如图6-30所示。

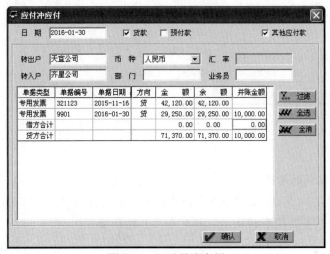

图6-30 已录并账金额

(11) 单击【确认】按钮,完成并账的操作。

【做中学】

任务5:转账业务处理(预付冲应付)。

2016年1月30日,将月初应向天宜公司支付的货款421 200元中的2 680元用预付款冲抵。

【业务处理过程】

(1) 2016年1月30日,由出纳"ZQ 赵强"登录"畅捷通T3——企业管理信息化软件教育专版"系统。

(2) 单击【采购】|【供应商往来】|【预付冲应付】,打开"预付冲应付"对话框。

(3) 分别录入预付款和应付款的供应商"天宜公司"。

(4) 分别单击【过滤】按钮,在"转账金额"栏录入"2 680"。

(5) 单击"应付款"页签,单击【过滤】按钮。

(6) 在"转账金额"栏录入"2 680",如图6-31所示。

(7) 单击【确认】按钮,完成转账的操作。

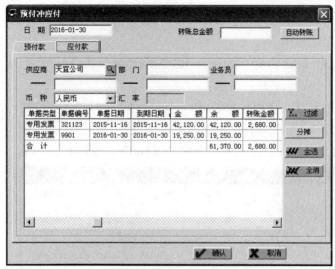

图 6-31 录入并账金额

【做中学】

任务 6：并账错误的修改。

2016 年 1 月 31 日，发现"任务 5 中"将应向天宜公司支付货款 421 200 元中的 2 680 元用预付款冲抵的业务处理有错误，应取消本次的转账操作。

【业务处理过程】

(1) 2016 年 1 月 31 日，由出纳"ZQ 赵强"登录"畅捷通 T3——企业管理信息化软件教育专版"系统。

(2) 单击【采购】|【供应商往来】|【取消操作】，打开"取消操作条件"对话框。

(3) 单击"供应商"栏参照按钮，选择"天宜公司"；单击"操作类型"栏下拉按钮，选择"转账"，如图 6-32 所示。

图 6-32 "取消操作条件"对话框

(4) 单击【确认】按钮，打开"取消操作"窗口。

(5) 双击选中"选择标志"栏，如图 6-33 所示。

(6) 单击【确定】按钮，完成取消转账的操作。

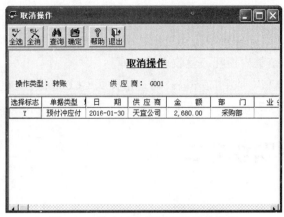

图 6-33　选中要取消转账操作的数据

实验十六　采购业务一

【实验准备】

恢复光盘中的"333 账套备份\购销存初始账套",将系统日期修改为"2016 年 1 月 31 日"。

【实验要求】

由业务主管"YWZG 江洋(密码:空)"对采购系统进行期初记账。填制"采购订单""采购入库单"和"采购发票";审核"采购订单"和"采购发票"并进行采购结算。

【实验资料】

(1) 2016 年 1 月 5 日,企业分别与齐星公司和天宜公司签订订购协议,订购内容如表 6-3 所示,税率均为 17%。

表 6-3　采购订单

供货单位	存　货	数　　量	单　　价	计划到货日期
天宜公司	CC003	20	1 720	1 月 11 日
齐星公司	SS999	1 000	28	1 月 11 日
	TT008	10	3 560	1 月 11 日

(2) 2016 年 1 月 11 日,收到向齐星公司订购的 SS999 和 TT008 材料,经验收入原料库。同时收到 1 张采购专用发票(No.1112),款项尚未支付。

(3) 2016 年 1 月 11 日,收到向天宜公司订购的 CC003 材料,经验收入原料库。同时收到一张采购专用发票(No.2221)和一张 80 元的运费发票(No.3232),款项尚未支付。

(4) 2016 年 1 月 17 日,向齐星公司直接购买 CC003 原料 500 千克,材料到货,经检验发现短缺 1 千克,系定额内损耗,验收入原料库。

(5) 2016 年 1 月 19 日,收到向齐星公司直接购买 CC003 原料 500 千克的采购专用发票(No.5512)一张,单价 1 718 元。以转账支票直接支付所有货款和税款。

实验十七　采购业务二

【实验准备】

恢复光盘中的"333 账套备份\333-16",将系统日期修改为"2016 年 1 月 31 日"。

【实验要求】

1. 由业务主管"YWZG 江洋(密码:空)"填制"采购入库单"和"采购发票";审核"采购发票"并进行采购结算。
2. 由出纳"ZQ 赵强(密码:000000)"进行付款结算。

【实验资料】

(1) 2016 年 1 月 20 日,企业开出一张 74 412 元的转账支票,用于支付向齐星公司购买 SS999 和 TT008 材料的货税款。

(2) 2016 年 1 月 22 日,开出 60 000 元的转账支票一张,用于支付向天宜公司购买 CC003 原料的货税款 40 328 元,余款形成预付款。

(3) 2016 年 1 月 25 日,收到向天宜公司采购 CC003 材料 10 千克,单价为 1 780 元的采购发票(No.3231),货物已验收入原料库;次日开出一张 20 000 元的转账支票,支付部分货税款,不足的部分使用预付款 826 元结算。

(4) 2016 年 1 月 26 日,收到向齐星公司采购 SS999 材料 200 千克,单价为 29 元的采购发票(No.4401),货物已验收入原料库;31 日经协商决定将本次的应付款全部转给天宜公司,并用天宜公司的预付款抵付。

第 7 单元

销售与收款管理

【学习目标】

知识目标

掌握销售管理系统中销售业务处理的流程；掌握销售订单管理、销售发货、销售发票及销售收款等业务处理的原理和操作方法，以及销售账表的查询方法。

能力目标

能够为销售管理系统日常业务处理做好充分的准备；能够根据企业日常业务的发生情况进行销售订货和销售的业务处理；能够对各种形式的销售收入进行处理。

销售管理系统提供了对企业销售业务全流程的管理，其支持以销售订单为核心的业务模式，主要任务是处理销售发货单和销售发票，并根据销售发货单等发货成本信息确认销售成本，以及根据销售发票进行销售收款的全程管理。

7.1 初始化

进行销售系统初始化是为销售系统的日常业务处理做好充分的准备，它主要包括销售系统参数的设置、销售系统期初余额的作用，以及与总账系统期初余额的关系等。

【任务导入】

宏信公司自 2016 年 1 月启用畅捷通 T3 管理软件中的"购销存管理"系统和"核算"系统，现在已经完成了"购销存管理"系统和"核算"系统的所有初始设置工作。首先需要了解购销存系统中，"销售与收款"业务在进行日常业务处理之前还需要做好哪些准备工作；其次，应具体了解销售系统控制参数的设置及期初余额与总账系统期初余额之间的关系。

【做中学】

任务 1：查看销售系统控制参数。

查看销售系统控制参数中，业务控制是否已经选择了"允许零出库"，将存货核算系统进行期初记账。

注意：

先恢复光盘中"111 账套备份/第 6 单元初始账套"中的备份再完成此任务，或者接着第 6 单元的操作继续操作。

【业务处理过程】

(1) 由"YWZG 江洋"登录"畅捷通 T3——企业管理信息化软件教育专版"。
(2) 单击【销售】|【销售业务范围设置】，打开"选项"对话框。
(3) 在"业务范围"选项卡中，默认所有的选项。
(4) 单击"业务控制"页签。
(5) 在"业务控制"选项卡中，选中"是否允许零出库"复选框，如图 7-1 所示。

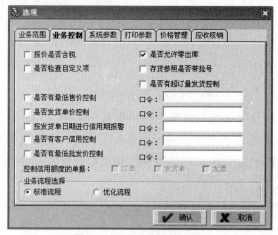

图 7-1　业务控制参数设置

(6) 单击【确认】按钮。
(7) 单击【核算】|【期初数据】|【期初余额】，打开"期初余额"窗口。
(8) 单击【记账】按钮，系统显示"期初记账成功"。
(9) 单击【退出】按钮。

【知识要点】

● 在使用销售管理系统前应仔细了解销售管理系统的控制参数，如果不需要另行设置，则可以默认系统已经设置好的控制参数。

【做中学】

任务 2：录入应收款期初余额并与总账对账。

应收款期初余额如表 7-1 所示。

表7-1 应收期初余额

单据类型	发票号	时间	客户	存货	数量	单价	税率	金额	会计科目
销售专用发票	15211	2015-11-6	玖邦公司	XYA产品	4	12 300	17%	57 564	应收账款(1122)
销售专用发票	15243	2015-11-11	英华公司	XYB产品	6	8 800	17%	61 776	应收账款(1122)

【业务处理过程】

(1) 由账套主管"YWZG 江洋"登录"畅捷通 T3——企业管理信息化软件教育专版"系统。

(2) 单击【销售】|【客户往来】|【客户往来期初】,打开"期初余额——查询"对话框。

(3) 单击【确认】按钮,再打开"期初余额明细表"窗口。

(4) 单击【增加】按钮,打开"单据类别"对话框。

【知识要点】

● 正向表示销售发票为蓝字发票,而负向则表示销售发票为红字发票。

(5) 单击【确认】按钮,打开"销售专用发票"窗口。

(6) 在"销售专用发票"窗口中,修改"开票日期"为"2015-11-06";录入"发票号"为"15211";单击"客户名称"栏参照按钮,选择"玖邦公司";单击"科目编号"栏参照按钮,选择"1122";在"税率"栏录入"17";单击"销售部门"栏参照按钮,选择"销售部";单击"货物名称"栏参照按钮,选择"XYA 产品";在"数量"栏录入"4",在"单价"栏录入"12 300"。

(7) 单击【保存】按钮,如图 7-2 所示。

(8) 依此方法继续输入第 2 张销售专用发票。

图 7-2 录入销售专用发票的内容

【知识要点】
● 期初销售发票保存完毕之后，系统自动在制单人和审核人栏目上签字，该发票不需要单独审核。

(9) 单击【退出】按钮，返回"期初余额明细表"窗口。
(10) 单击【对账】按钮，系统显示对账结果，如图 7-3 所示。

科目		应收期初		总账期初		差额	
编号	名称	原币	本币	原币	本币	原币	本币
1122	应收账款	119,340.00	119,340.00	119,340.00	119,340.00	0.00	0.00
2203	预收账款	0.00	0.00	0.00	0.00	0.00	0.00
	合计		119,340.00		119,340.00		0.00

图 7-3 应收款期初余额与总账的对账结果

【知识要点】
● 如果应收期初和总账期初的差额不为 0，则说明销售系统和总账系统的期初数据不一致，需要查找原因，修改至平衡为止，然后才能展开日常的销售业务。

7.2 销售业务

销售业务是指对企业销售业务的全流程进行业务处理、核算和管理，主要包括填制销售订单、填制销售发货单及填制销售发票等。

【任务导入】

宏信公司现在已经完成了购销存系统及存货核算系统的公共基础设置，并且完成了销售管理系统业务控制参数的设置和期初余额的录入，现在开始进行日常销售业务的处理。通过对手工销售业务全流程的了解，知道了销售业务都要经过哪些过程及完成哪些任务，现在需要进一步地了解在电算化方式下销售业务处理的流程，开始在软件中进行销售业务的处理；需要了解如何在软件中根据实际业务录入销售订单、销售发货单和销售发票；同时还要掌握操作错误后应该如何进行修改。

【做中学】
任务 1：填制销售订单。
2016 年 1 月 12 日，宏信公司与玖邦公司和英华公司分别达成销售协议，由销售部"XXY 马子山"输入如表 7-2 所示的销售订单。

表 7-2 销售订单

购 货 单 位	存 货	数 量	无 税 单 价	预发货日期
玖邦公司	XYA 产品	5	12 300	1 月 15 日
	XYB 产品	12	8 880	1 月 17 日
英华公司	XYA 产品	5	12 350	1 月 15 日

【业务处理过程】

(1) 2016 年 1 月 12 日,由销售员"XXY 马子山"登录"畅捷通 T3——企业管理信息化软件教育专版"系统。

(2) 单击【销售】|【销售订单】,打开"销售订单"窗口。

(3) 单击【增加】按钮,修改"订单日期"为"2016-01-12";单击"客户名称"栏参照按钮,选择"玖邦公司";单击"销售部门"栏参照按钮,选择"销售部";单击"销售类型"栏参照按钮,选择"普通销售";单击"货物名称"栏参照按钮,选择"XYA 产品";在"数量"栏录入"5",在"无税单价"栏录入"12 300",在"预发货日期"栏录入"2016-01-15"。

(4) 继续录入第 2 行订货信息。单击"货物名称"栏参照按钮,选择"XYB 产品";在"数量"栏录入"12",在"无税单价"栏录入"8 880",在"预发货日期"栏录入"2016-01-17"。

(5) 单击【保存】按钮,如图 7-4 所示。

图 7-4 已填制的销售订单

(6) 单击【审核】按钮。

(7) 单击【确定】按钮。

(8) 单击【增加】按钮,继续录入并审核另 1 张销售订单,如图 7-5 所示。

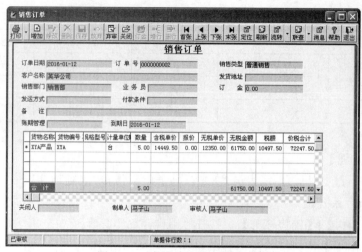

图 7-5　已审核的第 2 张销售订单

【做中学】

任务 2：填制并审核销售发货单。

2016 年 1 月 15 日，由销售部"XXY 马子山"将"玖邦公司"订购的 XYA 产品和 XYB 产品按订单从"成品库"发货。

2016 年 1 月 15 日，由销售部"XXY 马子山"将向"英华公司"销售的 XYA 产品 5 台，经协商按"3 台"从"成品库"发货。

【业务处理过程】

(1) 2016 年 1 月 15 日，由销售员"XXY 马子山"登录"畅捷通 T3——企业管理信息化软件教育专版"系统。

(2) 单击【销售】|【销售发货单】，打开"发货单"窗口。

(3) 单击【增加】按钮，打开"选择订单"对话框。

(4) 单击"客户"栏参照按钮，选择"玖邦公司"，如图 7-6 所示。

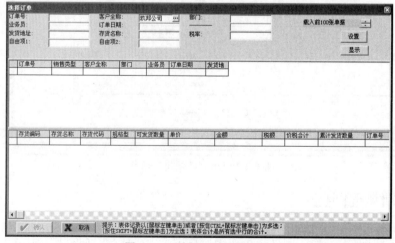

图 7-6　"选择订单"对话框

(5) 单击【显示】按钮，显示已填制的订单。单击选中"0000000001"号订单。
(6) 分别选中该订单中的两种产品的信息，如图7-7所示。

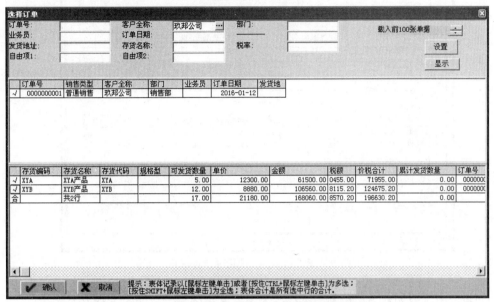

图 7-7　选中"0000000001"号订单中的产品

(7) 单击【确认】按钮，生成1张发货单，如图7-8所示。

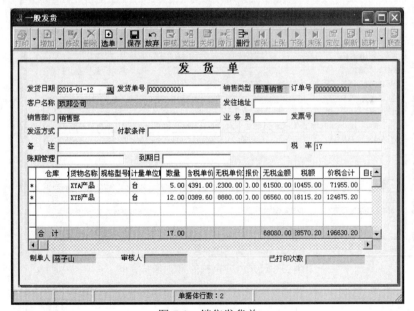

图 7-8　销售发货单

(8) 单击单据体中的"仓库"栏参照按钮，选择"成品库"，如图7-9所示。
(9) 单击【保存】按钮。
(10) 单击【审核】按钮。

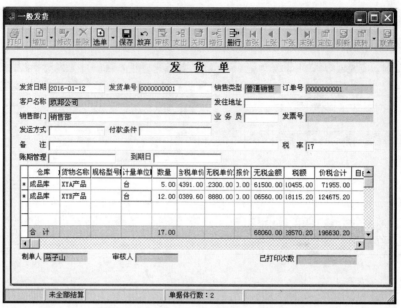

图 7-9 在"仓库"栏中选择"成品库"

(11) 单击【增加】按钮,继续录入并审核第 2 张发货单,如图 7-10 所示。

图 7-10 已录入并审核的第 2 张发货单

【做中学】

任务 3:填制并审核销售发票。

2016 年 1 月 15 日,由销售员"XXY 马子山"根据已发给玖邦公司 XYB 产品的销售发货单,生成并审核销售专用发票。发票列明 XYA 产品为 5 台,单价为 12 300 元;XYB 产品为 12 台,单价为 8 880 元。

2016年1月18日，由销售员"XXY 马子山"根据已发给英华公司 XYA 产品货物的销售发货单，开具并审核销售专用发票。发票列明 XYA 产品为 3 台，单价为 12 350 元。

【业务处理过程】

(1) 2016 年 1 月 15 日，由销售员"XXY 马子山"登录"畅捷通 T3——企业管理信息化软件教育专版"系统。

(2) 单击【销售】|【销售发票】，打开"销售普通发票"对话框。

(3) 单击【增加】按钮旁的下拉按钮，选中"专用发票"。

(4) 单击"专用发票"选项，打开"销售专用发票"。

(5) 单击【选单】按钮旁的下拉按钮，选中"发货单"。

(6) 单击"发货单"选项，打开"选择发货单"对话框。

(7) 单击"客户全称"栏参照按钮，选择"玖邦公司"，单击【显示】按钮，显示已填制的入库单。

(8) 单击发货单号"0000000001"前的选择栏。

注意：

如果在建立客户档案时未设置该公司的纳税号，则此处不能填制销售专用发票，必须将该公司的纳税编号在客户档案中重新补上。

(9) 分别选中该订单中的两种产品的信息，如图 7-11 所示。

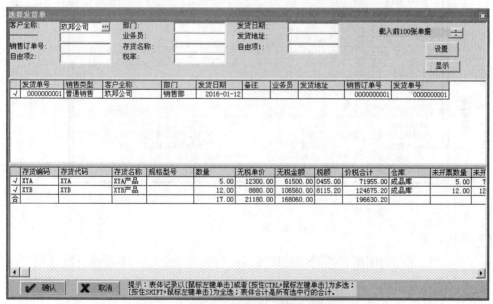

图 7-11　选中发货单中要生成发票的数据

(10) 单击【确认】按钮，生成 1 张销售专用发票，如图 7-12 所示。

(11) 单击【保存】按钮，再单击【复核】按钮。

(12) 单击【增加】按钮，继续录入第 2 张销售专用发票，如图 7-13 所示。

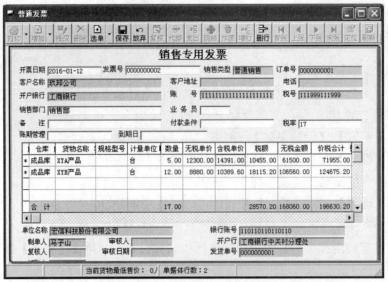

图 7-12 生成的销售专用发票

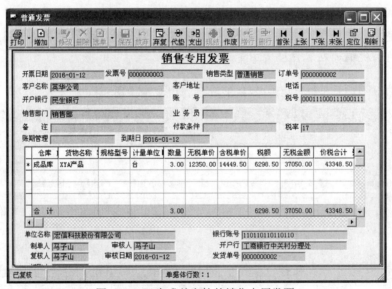

图 7-13 已生成并审核的销售专用发票

【知识要点】

- 发票上的仓库指明所开票货物在销售出库时的所在仓库,本系统支持 1 张销售发票中包含多个仓库。
- 已复核的销售发票,在复核的时候直接登记应收账。
- 在本系统中可以根据某客户的信用状况来决定是否与其进行业务往来,即是否给其开具销售单据。信用控制的方法是在客户档案中设置客户的信用额度和信用期间、发票审核记账时增加客户的应收账款余额,以及收款业务中减少客户的应收账款余额。发票或其他应收单审核后形成最早未核销发票日期,定金收款核销后修改最早未核销发票日期。在录入销售单据时，当进入"客户"栏目时，如果用户输入了客户，屏幕的状态行会提示该客户的当前应收账款余额。若在"选项"对话框中将"是否有客户信用额度控制"选项设置为"有"，则在单据保存时，如果客户的应收账款余额大于信用额度，当前单据日期最早未核销发票日期则大于客户档案的信用期限，系统将会弹出对话框要求用户输入口令(口令在"业务控制"中设置)，口令输入正确方可保存单据。
- 当超现存量发货控制时，货物在已输入的情况下，不能输入不存在所输入货物的仓库。
- 所选货物为劳务或折扣属性的货物时，仓库可不输入。

7.3 收款业务

当销售业务发生后应进行销售收款的处理，主要包括销售业务发生后直接收款业务的处理方法、暂欠货款的处理方法、收到部分货款或预收货款或同时使用预付款的处理方法，以及转账收款的方法等不同收款方式的业务处理方法。

【任务导入】

宏信公司已经在软件中根据实际业务录入了销售订单、销售发货单和销售发票，那么应该如何在系统中进行收款的结算呢？接下来要进一步了解有几种收款方式，以及应该如何进行相应的收款业务的处理。

【做中学】

任务 1：销售收款。

2016 年 1 月 19 日，收到玖邦公司开具的 196 630 元的"转账支票"1 张，用以支付购买 XYA 产品和 XYB 产品的货税款 196 630 元。

【业务处理过程】

(1) 2016 年 1 月 19 日，由出纳"ZQ 赵强"登录"畅捷通 T3——企业管理信息化软件教育专版"系统。

(2) 单击【销售】|【客户往来】|【收款结算】，打开"收款单"对话框。

(3) 单击"客户"栏参照按钮，选择"001 玖邦公司"。

(4) 单击【增加】按钮。

(5) 单击"结算方式"栏参照按钮，选择"2 转账支票"；单击"结算科目"栏选择"1002 银行存款"。

【知识要点】

- 如果在"核算"系统设置了"结算方式对应科目"，此处就可以自动按所选择的结算方式生成相应的结算方式和对应的"结算科目"。

(6) 在"金额"栏录入"196 630";单击"部门"栏参照按钮,选择"财务部";在"摘要"栏录入"收到销售款",如图 7-14 所示。

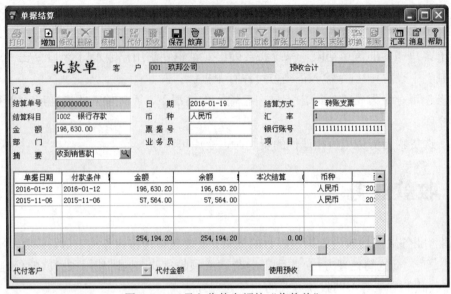

图 7-14 已录入收款金额的"收款单"

(7) 单击【保存】按钮,再单击【核销】按钮,在收款单的下半部分显示出了待核销的单据及对应的金额。

(8) 在"本次结算"栏中录入"196 630",如图 7-15 所示。

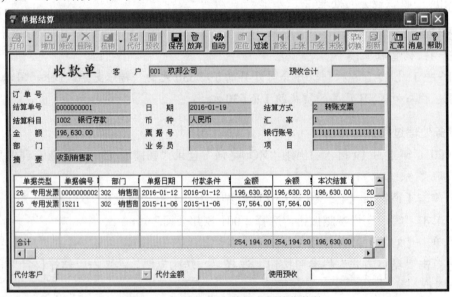

图 7-15 已录入本次结算金额的收款单

(9) 单击【保存】按钮,对本次收款金额和应收款金额进行完全核销。

【做中学】

任务 2：收到销售货款。

2016 年 1 月 19 日，收到英华公司开具的 100 000 元的"转账支票"1 张，用以支付购买 XYA 产品的货税款 43 348.50 元，余款形成预收款。

【业务处理过程】

(1) 2016 年 1 月 19 日，由出纳"ZQ 赵强"登录"畅捷通 T3——企业管理信息化软件教育专版"系统。

(2) 单击【销售】|【客户往来】|【收款结算】，打开"收款单"对话框。

(3) 单击"客户"栏参照按钮，选择"003 英华公司"。

(4) 单击【增加】按钮。

(5) 单击"结算方式"栏参照按钮，选择"2 转账支票"；单击"结算科目"栏参照按钮，选择"1002 银行存款"。

(6) 在"金额"栏录入"100 000"；单击"部门"栏参照按钮，选择"2 财务部"；录入摘要"收到销货款"。

(7) 单击【保存】按钮，再单击【核销】按钮，在收款单的下半部分显示出了待核销的单据及对应的金额。

(8) 在第 2 行"本次结算"栏录入"43 348.50"，如图 7-16 所示。

图 7-16　已录入本次结算金额的收款单

(9) 单击【保存】按钮，对本次收款金额和应收款金额进行了部分核销。

【知识要点】

● 本次收款金额为 100 000 元，结算金额为 43 348.50 元，收款金额大于结算金额，余款形成预收款 56 651.50 元。

实验十八　销售业务一

【实验准备】

恢复光盘中的"333 账套备份\333-17",将系统日期修改为"2016 年 1 月 31 日"。

【实验要求】

由销售员"XXY 马子山(密码:空)"填制"销售订单""销售发货单"和"销售发票";由业务主管"YWZG 江洋(密码:空)"审核"销售订单"和"销售发票"。

【实验资料】

(1) 2016 年 1 月 3 日,企业与玖邦公司和英华公司分别达成如表 7-3 所示的销售订单。

表 7-3　销售订单

购货单位	存货	数量	无税单价	预发货日期
玖邦公司	XYA 产品	6	12 350	1 月 9 日
英华公司	XYA 产品	1	12 550	1 月 9 日
	XYB 产品	15	8 680	1 月 9 日

(2) 2016 年 1 月 9 日,将玖邦公司订购的 XYA 产品按订单从成品库发货,同时开出一张销售专用发票。

(3) 2016 年 1 月 9 日,将向英华公司销售的 XYA 产品和 XYB 产品,按订单从成品库发货。

(4) 2016 年 1 月 10 日,生成并审核"销售专用发票",同时收到一张支付货款和税款的转账支票。

实验十九　销售业务二

【实验准备】

恢复光盘中的"333 账套备份\333-18",将系统日期修改为"2016 年 1 月 31 日"。

【实验要求】

1. 由销售员"XXY 马子山(密码:空)"采用先开票后发货模式,填制并审核"销售发票"。

2. 由出纳"ZQ 赵强"进行收款结算。

【实验资料】

(1) 2016 年 1 月 19 日，收到玖邦公司开具的 100 000 元的转账支票一张，用以支付购买 XYA 产品的 86 697 元货税款，余款形成预收款。

(2) 2016 年 1 月 20 日，向英华公司销售 XYA 产品 3 台，不含税单价为 12 200 元，开出 1 张销售专用发票，产品已发出。

(3) 2016 年 1 月 20 日，收到英华公司开出的 20 000 元的转账支票一张，支付购买 XYA 产品 3 台的部分货款。

(4) 2016 年 1 月 25 日，经与玖邦公司和英华公司协商，将应向英华公司收取的欠款 22 822 元转给玖邦公司。

第 8 单元

库 存 管 理

【学习目标】

知识目标

掌握库存管理系统中对采购入库单和销售出库单的审核方法;掌握材料出库单和产成品入库单等出入库单的填写方法及应注意的问题。

能力目标

能够为库存管理系统日常业务处理做好充分的准备;能够对采购管理系统和销售管理系统传递过来的采购入库单和销售出库单进行审核;能够针对日常库存管理中的各种出、入库业务进行处理。

库存管理系统主要是提供对企业库存业务全流程的管理,对存货进行入库及出库管理,并有效地进行库存控制,实时地进行库存账表查询及统计分析,能够满足采购入库、销售出库、产成品入库、材料出库以及其他出、入库等业务的需要,并且提供了仓库货位管理、批次管理、保质期管理、不合格产品管理、现存量管理和条形码管理等业务的功能应用。

8.1 初始化

进行库存系统初始化是为库存系统的日常业务处理做好充分的准备,它主要包括库存系统参数的设置方法、库存系统期初余额的作用和设置方法。

【任务导入】

宏信公司自 2016 年 1 月启用畅捷通 T3 管理软件中的"购销存管理"系统和"核算"系统,现在已经完成了"购销存管理"系统和"核算"系统的所有初始设置工作。在此首先需要了解购销存系统中,"库存管理"业务在进行日常业务处理之前还需要做好哪些准备工作,及在操作中需要注意哪些问题;还需具体了解库存管理系统期初余额与总账系统期初余额的关系,以及库存管理系统期初记账的作用。

【做中学】

任务 1:设置库存系统控制参数。

由业务主管"YWZG 江洋"在 2016 年 1 月 6 日,启动 111 账套"畅捷通 T3——企业管理信息化软件教育专版"系统,设置库存系统控制参数"允许零出库""本人填制的单据允许其他人修改",其他参数默认系统设置。

【业务处理过程】

(1) 由业务主管"YWZG 江洋"注册"111"账套。

(2) 选择【库存】|【库存业务范围设置】,打开"系统参数设置"对话框。

(3) 单击选中"允许零出库"及"本人填制的单据允许其他人修改"两个复选框,其他选项采用默认设置,如图 8-1 所示。

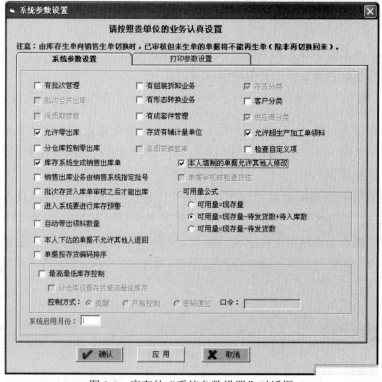

图 8-1 库存的"系统参数设置"对话框

(4) 单击【确认】按钮。

【做中学】

任务 2:查看库存系统期初余额。

查看库存系统期初余额。

【业务处理过程】

(1) 由业务主管"YWZG 江洋"在"畅捷通 T3——企业管理信息化软件教育专版"窗口中，单击【库存】|【期初数据】|【库存期初】，打开"期初余额"界面。

(2) 单击"仓库"栏下三角按钮，选择"1 原料库"，查看原料库的期初余额，如图 8-2 所示。

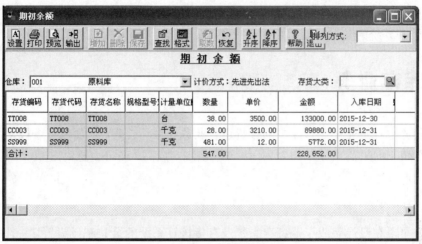

图 8-2　原料库的期初余额

(3) 单击"仓库"栏下三角按钮，选择"2 成品库"，查看库存商品的期初数据，如图 8-3 所示。

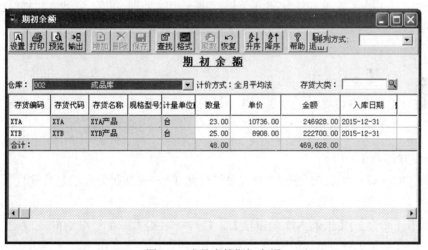

图 8-3　成品库的期初余额

(4) 单击【退出】按钮。

【知识要点】
- 期初数据记账是针对所有仓库的期初数据进行记账操作。因此，在进行期初数据记账前，必须确认各仓库的所有期初数据全部录入完毕并且正确无误，才能进行期初记账。
- 通常库存管理系统与存货核算系统的初始数据完全一致，则既可以在库存管理系统中进行设置，也可以在存货核算系统中进行设置。存货核算系统全部共享了库存管理系统的数据，不需要重新设置。

8.2 库存业务

库存业务是对企业存在仓库中的存货进行业务处理和管理。主要包括审核采购系统和销售系统所填制的采购入库单和销售出库单；填制产成品入库单、材料出库单、其他出库、入库单及盘点单等。

【任务导入】
宏信公司现在已经完成了购销存系统及存货核算系统的公共基础设置，并且完成了库存管理系统业务控制参数的设置和期初余额的录入，现在开始进行库存日常业务的处理。通过对手工库存业务全流程的了解，知道了库存业务的流程及主要任务，在此要进一步地了解在电算化方式下库存业务处理的流程，开始在软件中进行库存业务的处理。需要了解如何在软件中对采购入库单和销售出库单进行进一步的处理，以及如何填制材料出库单及产成品入库等，同时需掌握在操作错误时进行修改的方法。

【做中学】
任务 1：审核采购入库单。
仓库对 1 月份采购的原材料办理入库手续，没有发现数量和质量问题，对采购系统生成的采购入库单执行审核。

【业务处理过程】
(1) 由仓库管理员"KGY 李海"登录"畅捷通 T3——企业管理信息化软件教育专版"系统。
(2) 单击【库存】|【采购入库单审核】，打开"采购入库单"对话框。
(3) 单击【审核】按钮，对采购入库单执行审核，如图 8-4 所示。
(4) 单击 上张 、 下张 箭头按钮，继续对其他的采购入库单执行审核。
(5) 单击【库存】|【库存单据列表】|【采购入库单】，打开"单据过滤条件"界面，单击【确认】按钮，查看采购入库单列表，如图 8-5 所示。

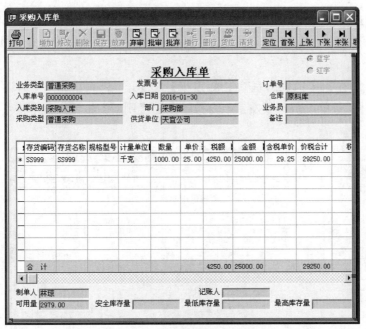

图 8-4 已审核的采购入库单

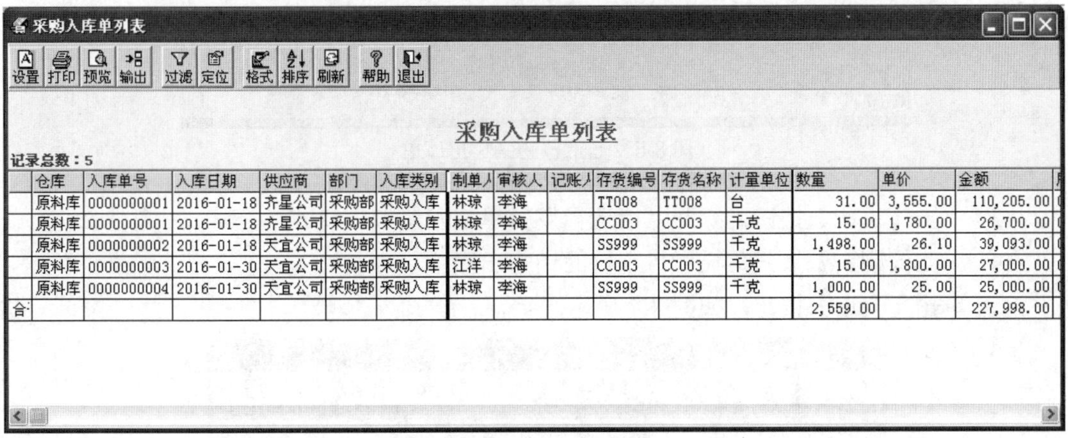

图 8-5 采购入库单列表

【知识要点】
- 撤销对当前单据的审核时，可用鼠标单击工具条上的【弃审】按钮。
- 库存系统中的审核含义比较广泛，通常可将实物的出入库作为单据审核的标志，即在出入库单上的所有存货办理完实物出库或入库手续后，都需对出入库单进行审核。

【做中学】
任务 2：审核销售出库单。
审核 1 月份所填制的"销售出库单"。

【业务处理过程】

(1) 由仓库管理员"KGY 李海"登录"畅捷通 T3——企业管理信息化软件教育专版"系统。

(2) 单击【库存】|【销售出库单生成/审核】,打开"销售出库单"对话框,单击【生成】按钮,打开"选择发货单或发票"窗口,单击【刷新】按钮,再单击【审核】按钮,如图 8-6 所示。

图 8-6　已审核的销售出库单

(3) 单击【生成】按钮,打开"请选择发货单或发票"窗口。

(4) 单击【刷新】按钮,显示待审核的销售出库单。

(5) 单击【全选】按钮,如图 8-7 所示。

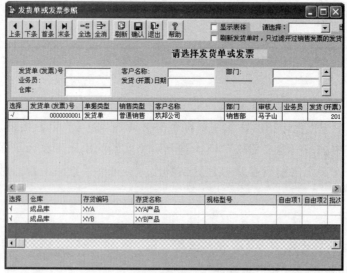

图 8-7　选中待审核的销售出库单

(6) 单击【确认】按钮，审核所有的销售出库单。

【做中学】

任务 3：填制并审核产成品入库单。

本期的产品入库情况如下：

2016 年 1 月 30 日，产品库完工入库 XYA 产品 12 台；2016 年 1 月 30 日，产品库完工入库 XYB 产品 16 台。以上产品均办理了入库手续，没有发现质量问题。

【业务处理过程】

(1) 2016 年 1 月 30 日，由仓库管理员"KGY 李海"登录"畅捷通 T3——企业管理信息化软件教育专版"系统。

(2) 单击【库存】|【产成品入库单】，打开"产成品入库单"界面。

(3) 单击【增加】按钮，确定入库单为蓝字入库单。选择仓库为"成品库"；入库类别选择"产成品入库"；在单据体中输入产品名称为"XYA 产品"；数量为"12"，金额等其他项目暂时为空。

(4) 单击【保存】按钮，如图 8-8 所示。

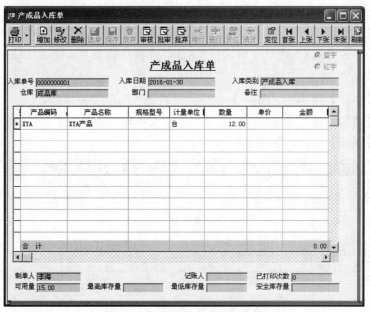

图 8-8　保存后的产成品入库单

(5) 单击【审核】按钮，对该产成品入库单进行审核。

(6) 根据上述步骤，继续处理第 2 笔产品入库业务，如图 8-9 所示。

【做中学】

任务 4：对接受捐赠的原材料进行入库处理。

2016 年 1 月 30 日，企业接受上级集团企业捐赠的 TT008 材料 10 台，在原料库入库，检验后没有质量和数量问题，入库成本为 3 500 元/台。

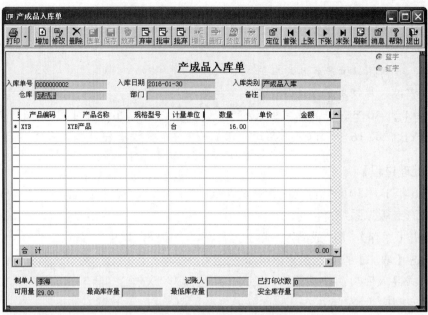

图 8-9　审核后的产成品入库单

【业务处理过程】

(1) 2016 年 1 月 30 日，由仓库管理员"KGY 李海"登录"畅捷通 T3——企业管理信息化软件教育专版"系统。

(2) 单击【库存】|【其他入库单】，打开"其他入库单"界面。

(3) 单击【增加】按钮，录入其他入库单的相关单据内容。

(4) 单击【保存】按钮，如图 8-10 所示。

图 8-10　其他入库单

(5) 单击【审核】按钮，对该入库单执行审核。

(6) 单击【退出】按钮。

实验二十　库存业务

【实验准备】

恢复光盘中的"333 账套备份\333-19"，将系统日期修改为"2016 年 1 月 31 日"。

【实验要求】

由库存管理员"KGY 李海(密码：空)"对库存系统的期初数据进行记账，完成库存管理系统的所有操作。

【实验资料】

(1) 仓库对 1 月份采购的原材料办理入库手续，没有发现数量和质量问题，对采购系统生成的采购入库单执行审核。

(2) 生成并审核 1 月份所填制的"销售出库单"。

(3) 本期的产品入库情况如下。

2016 年 1 月 16 日，产品库完工入库 XYA 产品 10 台；2016 年 1 月 17 日，产品库完工入库 XYB 产品 12 台。以上均办理了入库手续，没有发现质量问题。

(4) 2016 年 1 月 17 日，为加工产品领用 SS999 材料 800 千克，TT008 材料 10 台。

第 9 单元

存 货 业 务

【学习目标】

知识目标

掌握存货核算系统中的存货核算的流程；掌握单据记账、成本计算和生成记账凭证的方法。

能力目标

能够正确地计算存货的成本并进行相应的账务处理。

存货的核算是企业会计核算的一项重要内容，它从资金的角度管理存货的出入库业务，核算企业的入库成本、出库成本和结余成本；能够反映和监督存货的收发、领退和保管情况；能够及时体现出存货资金的占用情况。

9.1 初始化

进行核算系统初始化是为核算系统的日常业务处理做好充分的准备。应掌握核算系统参数的设置方法，各种存货科目、应收应付科目的设置方法；掌握核算系统期初余额的作用和设置方法；熟悉核算系统各参数的设置与库存系统、采购系统及销售系统各参数设置之间的关系和相互影响；需特别注意核算系统的期初余额录入及记账，与库存系统期初余额录入及记账的关系。

【任务导入】

宏信公司自 2016 年 1 月启用畅捷通 T3 管理软件中的"购销存管理"系统和"核算"系统后，现在已经完成了"购销存管理"系统和"核算"系统的所有初始设置工作。在此，首先需要了解购销存系统中的"存货核算"业务在进行日常业务处理之前还需要做好哪些准备工作，在操作中需要注意哪些问题；并具体了解存货核算系统期初余额与库存管理系统及总账系统期初余额的关系，以及存货核算系统期初记账的作用。

【做中学】

任务 1:查看初始设置中的相关科目设置。

分别查看该公司的存货科目、存货对方科目以及客户往来的核算科目。

【业务处理过程】

(1) 由业务主管"YWZG 江洋"登录"畅捷通 T3——企业管理信息化软件教育专版"系统。

(2) 单击【核算】|【科目设置】|【存货科目】,打开"存货科目"对话框,已设置的存货科目如图 9-1 所示。

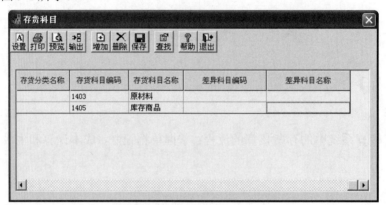

图 9-1　已设置的存货科目

(3) 单击【核算】|【科目设置】|【存货对方科目】,打开"对方科目设置"对话框。已设置的存货对方科目,如图 9-2 所示。

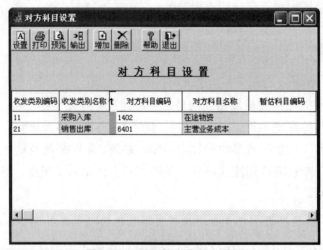

图 9-2　已设置的存货对方科目

(4) 单击【核算】|【科目设置】|【客户往来科目】,打开"客户往来科目设置"对话框。已设置的客户往来科目如图 9-3 所示。

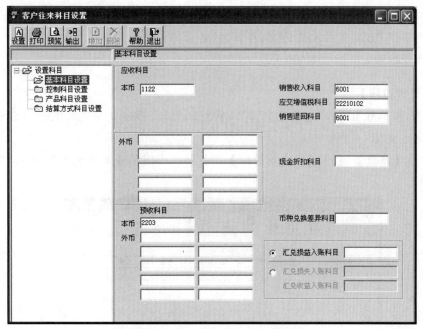

图 9-3　已设置的客户往来科目

(5) 单击【退出】按钮。

【知识要点】
- 仓库和存货分类不可以同时为空。

9.2　存货核算

存货核算系统的日常业务主要包括相关单据的记账、暂估成本处理和单据制单等工作。存货核算系统能够处理采购入库单、产成品入库单、其他入库单、销售出库单、材料出库单、其他出库单、入库调整单和出库调整单等业务单据。

【任务导入】
宏信公司现在已经完成了购销存系统及存货核算系统的公共基础设置，并且完成了存货核算系统业务控制参数的设置，以及期初余额的录入及会计科目的设置，随后将开始进行存货核算的日常业务处理。现在需要了解存货核算系统日常业务处理与采购管理、销售管理、库存管理，以及总账系统之间的业务处理流程和数据传递关系；了解单据记账的记账方法、产成品成本的分配方法、产成品平均单价的计算方法，以及各种与存货相关的业务处理后的制单的种类和制单方法；了解各业务系统结账与核算系统期末处理的关系；熟悉存货核算系统的财务处理与总账系统的关系。

【做中学】
任务 1：计算产成品成本。

2016年1月30日完工入库的XYA产品12台，经过计算合计发生总成本为72 000元；2016年1月30日完工入库的XYB产品16台，经过计算合计发生总成本为64 000元；完工产成品总成本为136 000元。

【业务处理过程】

(1) 2016年1月30日，由业务主管"YWZG 江洋"登录"畅捷通T3——企业管理信息化软件教育专版"系统。

(2) 单击【核算】|【产成品成本分配】，打开"产成品成本分配表"界面，如图9-4所示。

图9-4　产成品成本分配表

(3) 单击【查询】按钮，弹出"产成品成本分配表查询"对话框。

(4) 单击选择仓库条件为"2　成品库"，选中"对已有成本的产成品入库单重新分配(包括无成本的单据)"复选框，如图9-5所示。

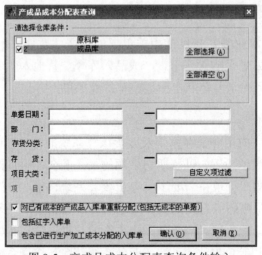

图9-5　产成品成本分配表查询条件输入

(5) 单击【确认】按钮，系统自动将本期入库的产成品的数量列出。

(6) 分别选中"XYA"和"XYB"所在行，如图9-6所示。

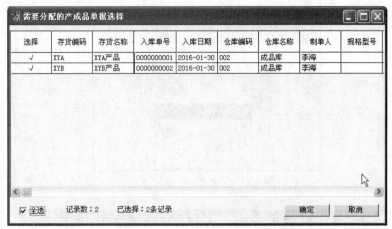

图 9-6 需要分配的产成品单据

(7) 单击【确定】按钮，打开"产成品成本分配表"窗口。

(8) 在"产成品成本分配表"窗口中，输入 XYA 产品金额为"72 000"；XYB 产品金额为"64 000"，如图 9-7 所示。

图 9-7 产成品成本分配金额输入

【知识要点】

- 这里单击【明细】按钮，可以查询产成品入库的具体情况，如入库单号、入库时间和入库的数量等信息。

(9) 单击【分配】按钮，系统弹出"分配操作顺利完成！"提示信息，如图 9-8 所示。

(10) 单击【确定】按钮，产成品成本分配完毕，单击【退出】按钮。

(11) 由业务主管"YWZG 江洋"登录"畅捷通 T3——企业管理信息化软件教育专版"系统。

(12) 单击【库存】|【产成品入库单】，打开"产成品入库单"界面，查看 XYB 产成品入库成本，如图 9-9 所示。

(13) 单击【上张】按钮，查看 XYA 产品成本，如图 9-10 所示。

(14) 查看完毕，单击【退出】按钮。

图 9-8　系统提示分配完成

图 9-9　XYB 产品的产成品入库单

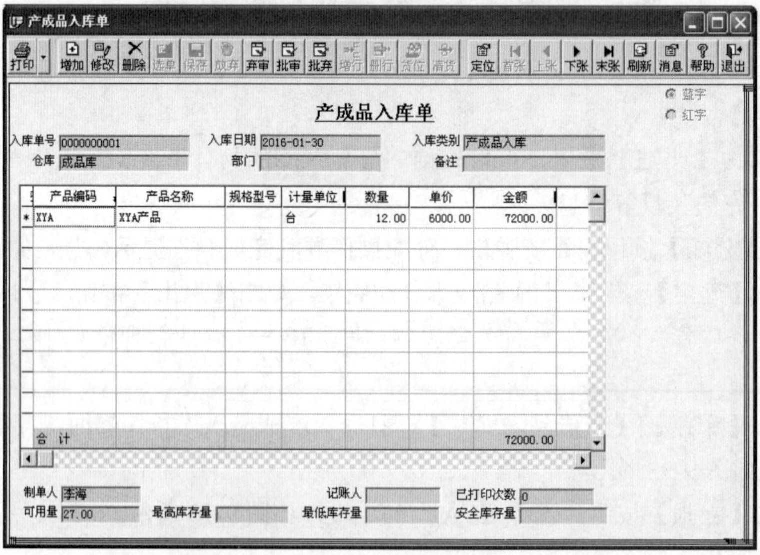

图 9-10　XYA 产品的产成品入库单

【做中学】

任务 2：单据记账。

2016 年 1 月 30 日，由业务主管"YWZG 江洋"对本期的出入库业务单据执行单据记账并查询"出入库流水账"。

【业务处理过程】

(1) 2016 年 1 月 30 日，由业务主管"YWZG 江洋"登录"畅捷通 T3——企业管理信息化软件教育专版"系统。

(2) 单击【核算】|【正常单据记账】，打开"正常单据记账条件"对话框。

(3) 确认记账的仓库为全部仓库，单据类型为全部单据，如图 9-11 所示。

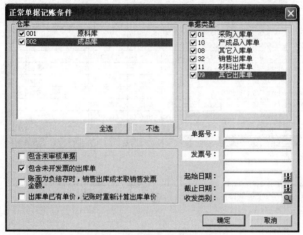

图 9-11　单据记账条件选择

(4) 单击【确定】按钮，进入到"正常单据记账"界面，系统列出所有未记账的出入库单据，如图 9-12 所示。

图 9-12　"正常单据记账"界面

(5) 单击【全选】按钮，选中全部业务单据。

(6) 单击【记账】按钮，系统对选中的业务单据自动执行记账处理。

(7) 记账完毕，单击【退出】按钮。

(8) 单击【核算】|【账表】|【出入库流水账】，打开“出入库流水账”窗口，查询记账后的出入库流水账，如图 9-13 所示。

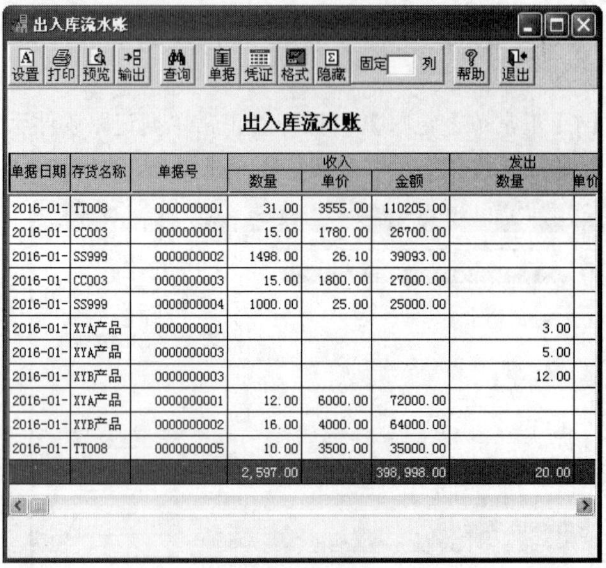

单据日期	存货名称	单据号	收入			发出	
			数量	单价	金额	数量	单价
2016-01-	TT008	0000000001	31.00	3555.00	110205.00		
2016-01-	CC003	0000000001	15.00	1780.00	26700.00		
2016-01-	SS999	0000000002	1498.00	26.10	39093.00		
2016-01-	CC003	0000000003	15.00	1800.00	27000.00		
2016-01-	SS999	0000000004	1000.00	25.00	25000.00		
2016-01-	XYA产品	0000000001				3.00	
2016-01-	XYA产品	0000000003				5.00	
2016-01-	XYB产品	0000000003				12.00	
2016-01-	XYA产品	0000000001	12.00	6000.00	72000.00		
2016-01-	XYB产品	0000000002	16.00	4000.00	64000.00		
2016-01-	TT008	0000000005	10.00	3500.00	35000.00		
			2,597.00		398,998.00	20.00	

图 9-13 记账后的出入库流水账

【知识要点】

- 记账界面显示的是所有未经记账的单据，记账后记过账的业务单据在记账界面中不再显示，但在“取消记账”界面中可以查询所有已记账的单据。
- 记账完毕之后，可以查询与存货相关的各种账簿。
- 记账后单据只能查询，不可修改。如果要修改必须先取消记账，然后再进行修改。
- 记账后，对于计价方法为先进先出、后进先出、移动平均和个别计价的仓库，系统将根据相关资料自动计算出库成本。

【做中学】

任务 3：对仓库进行期末业务处理。

2016 年 1 月 31 日，本期购销存业务全部结束，由业务主管“YWZG 江洋”对采购系统和销售系统进行结账，并对仓库进行期末处理。

【业务处理过程】

(1) 2016 年 1 月 31 日，由业务主管“YWZG 江洋”对“采购系统”进行结账，如图 9-14 所示。

(2) 对“销售系统”进行结账，如图 9-15 所示。

图 9-14　采购系统结账

图 9-15　销售系统结账

(3) 再将"库存系统"进行结账,如图 9-16 所示。

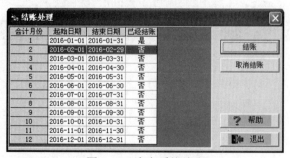

图 9-16　库存系统结账

(4) 单击【核算】|【月末处理】,打开"期末处理"对话框。
(5) 选择进行期末处理的仓库为"原料库"和"成品库",如图 9-17 所示。

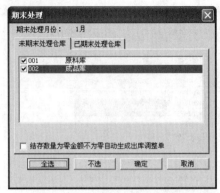

图 9-17 "期末处理"对话框

(6) 单击【确定】按钮,系统弹出"您将对所选仓库进行期末处理,确认进行吗?",如图 9-18 所示。

图 9-18 系统提示信息

(7) 单击【确定】按钮,系统打开"仓库成本计算表",如图 9-19 所示。

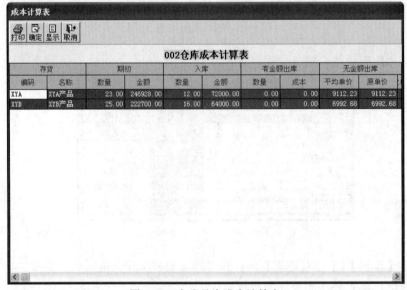

图 9-19 产成品库成本计算表

(8) 查看无误，单击【确定】按钮，系统弹出提示框，如图 9-20 所示。

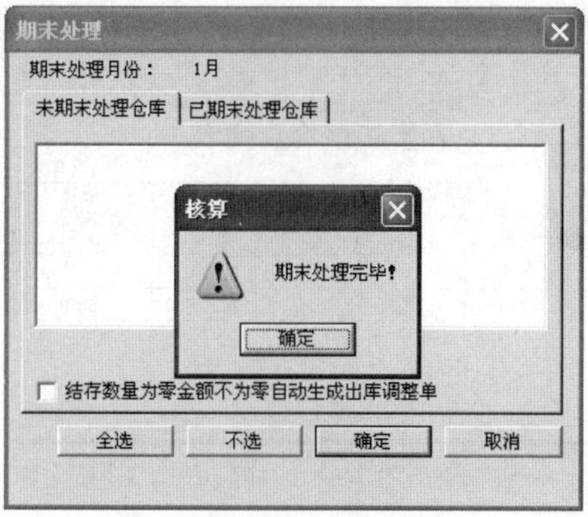

图 9-20　系统提示信息

(9) 单击【确定】按钮，期末处理完毕。

【知识要点】
- 由于本系统可以处理压单不记账的情况，因此在进行期末处理之前，应仔细检查是否本月业务还有未记账的单据；应做完本会计月的全部日常业务后，再做期末处理工作。
- 本月的单据如果用户不想记账，可以放在下个会计月进行记账，当作下个会计月的单据。
- 本月已进行期末处理的仓库不能再进行期末处理。

【做中学】
任务 4：平均单价计算。
为了随时了解产成品库的平均单价，2016 年 1 月 31 日，由会计对产成品库进行平均单价计算。

【业务处理过程】
(1) 2016 年 1 月 31 日，由业务主管"YWZG 江洋"登录"畅捷通 T3——企业管理信息化软件教育专版"系统。
(2) 单击【核算】|【平均单价计算】，打开"平均单价计算"对话框。
(3) 选择月份为"1 月份"，仓库为"成品库"，如图 9-21 所示。

图 9-21　平均单价计算条件输入

(4) 单击【确认】按钮，打开"平均单价计算表"窗口，如图9-22所示。

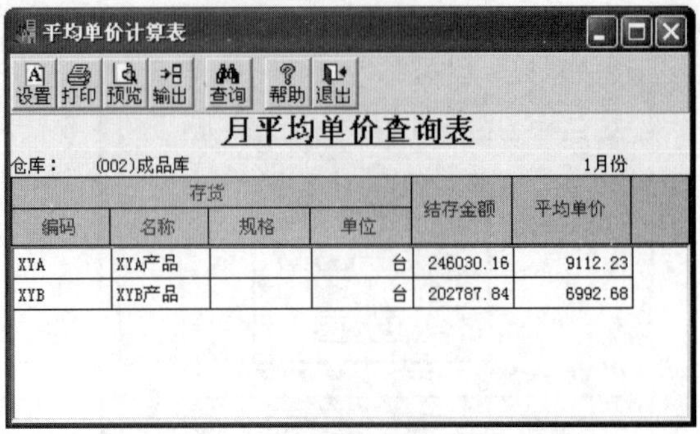

图9-22 "平均单价计算表"窗口

(5) 单击【退出】按钮。

【做中学】
任务5：生成购入存货的记账凭证。
2016年1月30日，由会计生成所有的采购入库记账凭证。

【业务处理过程】

(1) 2016年1月30日，由业务主管"YWZG 江洋"登录"畅捷通T3——企业管理信息化软件教育专版"系统。
(2) 单击【核算】|【凭证】|【购销单据制单】，打开"生成凭证"界面。
(3) 单击【选择】按钮，弹出"查询条件"对话框。
(4) 选中"(01)采购入库单(报销记账)"复选框，如图9-23所示。

图9-23 生成凭证查询条件

(5) 单击【确认】按钮，打开"未生成凭证单据一览表"。
(6) 单击【全选】按钮，如图9-24所示。
(7) 单击【确定】按钮，系统列出采购入库凭证一览表，如图9-25所示。
(8) 单击【生成】按钮，生成采购入库凭证，如图9-26所示。

选择	记账日期	单据日期	单据类型	单据号	仓库	收发类别	记账人	部门
1	2016-01-30	2016-01-18	采购入库单	0000000001	原料库	采购入库	江洋	采购部
1	2016-01-30	2016-01-18	采购入库单	0000000002	原料库	采购入库	江洋	采购部
1	2016-01-30	2016-01-30	采购入库单	0000000003	原料库	采购入库	江洋	采购部
1	2016-01-30	2016-01-30	采购入库单	0000000004	原料库	采购入库	江洋	采购部

图 9-24 未生成凭证单据一览表

选择	单据类型	单据号	摘要	科目类型	科目编码	科目名称	借方金额	贷方金额	借方数量	贷方数量	存货编码
1	采购入库单	0000000001	采购入库单	存货	1403	原材料	110205.00		31.00		TT008
				对方	1402	在途物资		110205.00		31.00	TT008
				存货	1403	原材料	26700.00		15.00		CC003
				对方	1402	在途物资		26700.00		15.00	CC003
		0000000002		存货	1403	原材料	39093.00		1498.00		SS999
				对方	1402	在途物资		39093.00		1498.00	SS999
		0000000003		存货	1403	原材料	27000.00		15.00		CC003
				对方	1402	在途物资		27000.00		15.00	CC003
		0000000004		存货	1403	原材料	25000.00		1000.00		SS999
				对方	1402	在途物资		25000.00		1000.00	SS999

图 9-25 采购入库凭证一览表

图 9-26 采购入库凭证

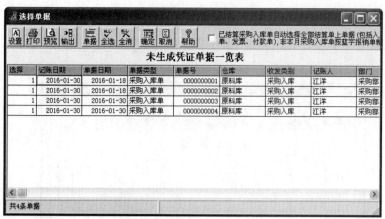

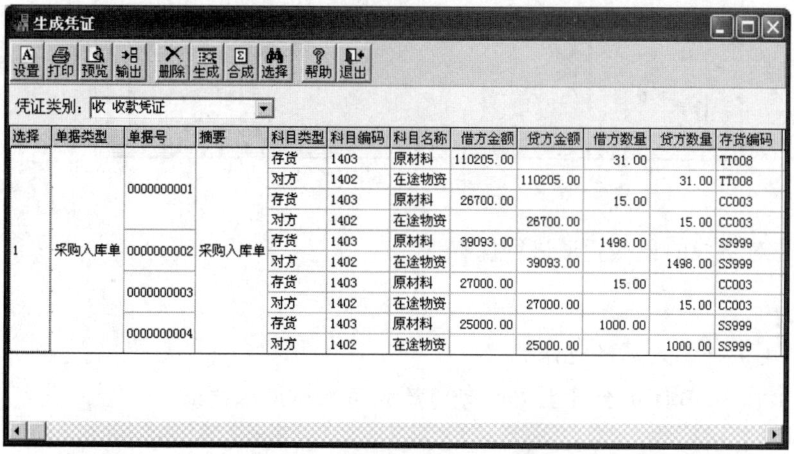

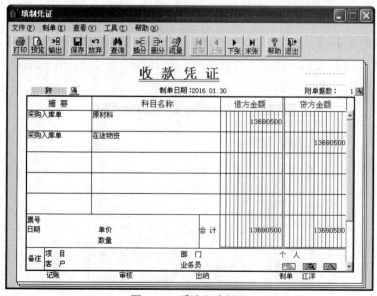

(9) 单击【保存】按钮，凭证左上角出现"已生成"标志。

(10) 单击【下张】按钮，再单击【保存】按钮，凭证左上角出现"已生成"标志，如图 9-27 所示。

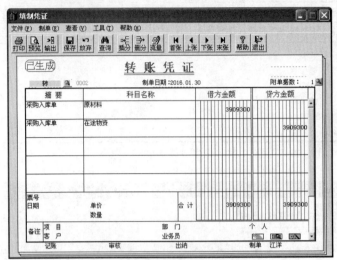

图 9-27　第 2 张采购入库凭证

(11) 继续对生成的记账凭证进行保存。

【做中学】

任务 6：生成产品入库的记账凭证。

2016 年 1 月 30 日，由会计生成所有的产成品入库记账凭证。

【业务处理过程】

(1) 2016 年 1 月 30 日，由业务主管"YWZG 江洋"登录"畅捷通 T3——企业管理信息化软件教育专版"系统。

(2) 单击【核算】|【凭证】|【购销单据制单】，打开"生成凭证"界面。

(3) 单击【选择】按钮，弹出"查询条件"对话框，选中"(10)产成品入库单"复选框，如图 9-28 所示。

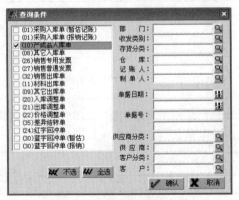

图 9-28　生成凭证查询条件

(4) 单击【确认】按钮，打开"未生成凭证单据一览表"。

(5) 单击【全选】按钮，如图 9-29 所示。

图 9-29　选中未生成凭证单据

(6) 单击【确定】按钮，系统列出产成品入库凭证一览表，如图 9-30 所示。

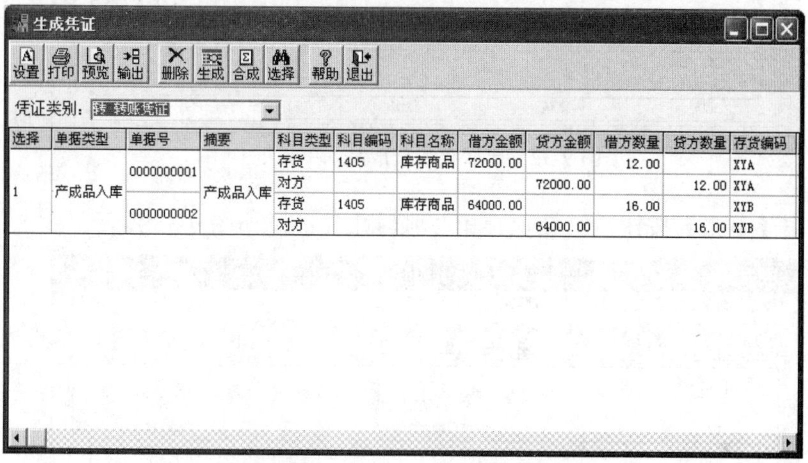

图 9-30　产成品入库凭证一览表

(7) 分别录入对方科目为"5001"，如图 9-31 所示。

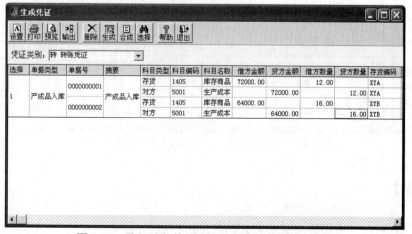

图 9-31　录入对方科目后的产成品入库凭证一览表

(8) 单击【生成】按钮,生成产成品入库凭证。

(9) 单击【保存】按钮,凭证左上角出现"已生成"标志,如图9-32所示。

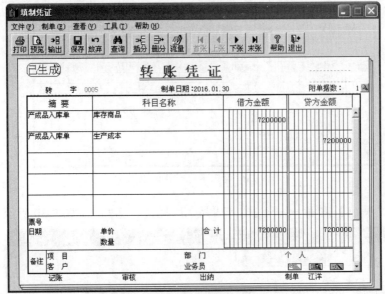

图9-32 已保存的产成品入库凭证

(10) 单击【下张】按钮,继续保存第2张转账凭证,如图9-33所示。

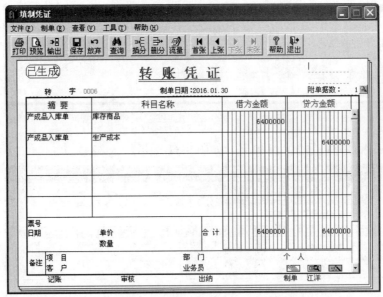

图9-33 已保存的第2张产成品入库转账凭证

【做中学】

任务7:生成销售产品的记账凭证。

2016年1月31日,由会计生成所有的销售出库记账凭证。

【业务处理过程】

(1) 2016 年 1 月 31 日,由业务主管"YWZG 江洋"登录"畅捷通 T3——企业管理信息化软件教育专版"系统。

(2) 单击【核算】|【凭证】|【购销单据制单】,打开"生成凭证"界面。

(3) 单击【选择】按钮,打开"查询条件"对话框。

(4) 选中"(32)销售出库单"复选框,如图 9-34 所示。

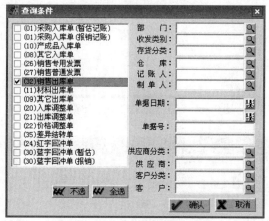

图 9-34 "查询条件"对话框

(5) 单击【确认】按钮,打开"未生成凭证单据一览表"。

(6) 单击【全选】按钮,如图 9-35 所示。

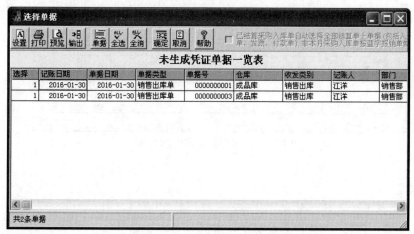

图 9-35 选中未生成的凭证单据

(7) 单击【确定】按钮,系统列出收款凭证一览表,如图 9-36 所示。

(8) 单击【合成】按钮,生成销售出库凭证。

(9) 单击【保存】按钮,凭证左上角出现"已生成"标志,如图 9-37 所示。

(10) 单击【退出】按钮。

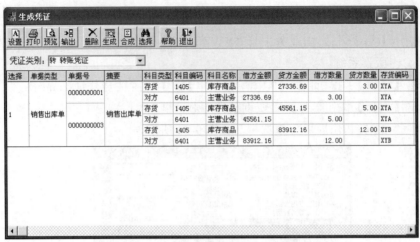

图 9-36 销售出库收款凭证一览表

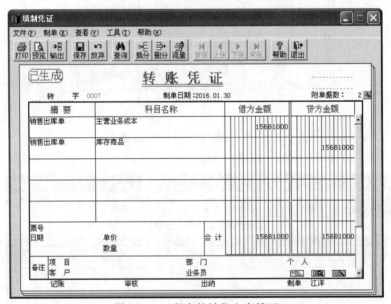

图 9-37 已保存的销售出库凭证

【做中学】

任务 8：生成其他入库单的记账凭证。

2016 年 1 月 30 日，由会计生成其他所有的入库单记账凭证。

【业务处理过程】

(1) 2016 年 1 月 30 日，由业务主管"YWZG 江洋"登录"畅捷通 T3——企业管理信息化软件教育专版"系统。

(2) 单击【核算】|【凭证】|【购销单据制单】，打开"生成凭证"界面。

(3) 单击【选择】按钮，打开"查询条件"对话框。

(4) 选中"(08)其他入库单"复选框，如图 9-38 所示。

图 9-38　生成凭证查询条件

(5) 单击【确认】按钮，打开"未生成凭证单据一览表"。

(6) 单击【全选】按钮，如图 9-39 所示。

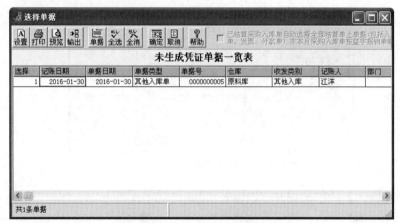

图 9-39　选中未生成的凭证单据

(7) 单击【确定】按钮，系统列出其他入库凭证一览表，如图 9-40 所示。

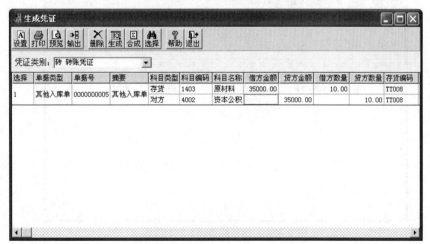

图 9-40　其他入库凭证一览表

(8) 单击【生成】按钮，生成其他入库凭证。

(9) 单击【保存】按钮，凭证左上角出现"已生成"标志。

【做中学】

任务 9：生成往来业务的记账凭证。

由业务会计生成所有的客户往来和供应商往来的记账凭证。

1. 客户往来制单

【业务处理过程】

(1) 2016 年 1 月 30 日，由业务主管"YWZG 江洋"登录"畅捷通 T3——企业管理信息化软件教育专版"系统。

(2) 单击【核算】|【凭证】|【客户往来制单】，打开"客户制单查询"对话框。

(3) 在制单类型中，选择"发票制单"，如图 9-41 所示。

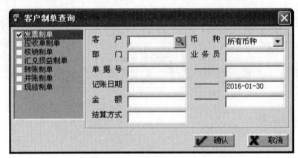

图 9-41 "客户制单查询"对话框

(4) 单击【确认】按钮，打开"销售发票制单"界面。

(5) 单击【全选】按钮，选中全部的销售发票，如图 9-42 所示。

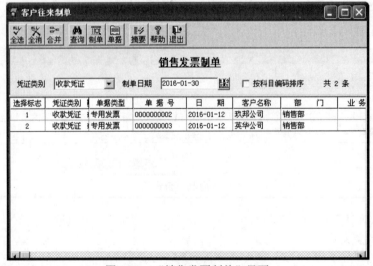

图 9-42 "销售发票制单"界面

(6) 单击【制单】按钮，生成凭证。

(7) 单击【保存】按钮，如图9-43所示。

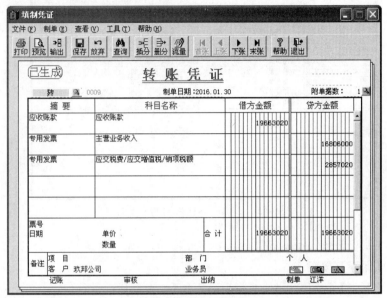

图9-43 保存后的转账凭证

(8) 单击【下张】按钮，继续保存其他凭证，保存完毕后退出凭证界面。

2. 供应商往来制单

【业务处理过程】

(1) 2016年1月31日，由业务主管"YWZG 江洋"登录"畅捷通T3——企业管理信息化软件教育专版"系统。

(2) 单击【核算】|【凭证】|【供应商往来制单】，打开"供应商制单查询"对话框。

(3) 在制单类型中，选择"发票制单"复选框，如图9-44所示。

图9-44 "供应商制单查询"对话框

(4) 单击【确认】按钮，打开"供应商往来制单"界面，单击【全选】按钮，如图9-45所示。

图 9-45 "供应商往来制单"界面

(5) 单击【制单】按钮，生成凭证。

(6) 单击【保存】按钮。

(7) 单击【下张】按钮，继续对其他生成的采购发票凭证进行保存。

(8) 单击【退出】按钮，回到采购发票制单界面。

(9) 单击【查询】按钮，打开"供应商制单查询"界面。

(10) 在制单类型中，选择"核销制单"，单击【确认】按钮，进入"核销制单"界面。

(11) 单击【全选】按钮。

(12) 单击【合并】按钮，再单击【保存】按钮。

实验二十一　　存货核算

【实验准备】

恢复光盘中的"333 账套备份\333-20"，将系统日期修改为"2016 年 1 月 31 日"。

【实验要求】

1. 由业务主管"YWZG 江洋(密码：空)"完成存货核算系统中产成品成本计算和生成记账凭证的操作。

2. 由业务主管"YWZG 江洋"对采购系统、销售系统进行结账，并对仓库进行期末处理。

【实验资料】

(1) 2016 年 1 月 31 日，计算产成品成本，16 日完工入库的 XYA 产品 10 台，经过计算合计发生总成本为 59 900 元；2016 年 1 月 17 日完工入库的 XYB 产品 12 台，经过计算合计发生总成本为 63 600 元，完工产成品总成本为 123 500 元。

(2) 2016 年 1 月 31 日，对本期的出、入库业务单据执行单据记账并查询"出、入库流水账"。

(3) 2016 年 1 月 31 日，本期购销存业务全部结束，由业务主管"YWZG 江洋"对采购系统、销售系统进行结账，并对仓库进行期末处理。

(4) 2016 年 1 月 31 日，生成所有记账凭证。

综合实验二

分岗位实验

【建议】

(1) 以小组为单位模拟一个企业的财务与业务人员，完成××公司 2016 年 1 月的日常业务处理并进行期末业务处理。

(2) 每小组 6 人，其角色分别为会计主管、会计、出纳、采购员、销售员和仓库管理员。

一、企业基本信息

1. 行政部、财务部、业务部人员及其分工(见表 9-1)

表 9-1 企业基本信息

姓 名	岗 位	操 作 权 限
许晨	财务主管	账套主管
李浩	总账会计	公用目录设置、总账、现金管理、往来及核算
宋旭	出纳	总账、现金管理、应收管理、应付管理、采购管理及销售管理
章诚	业务主管	公用目录设置、采购管理、销售管理及库存管理
马戈	仓库管理员	公用目录设置和库存管理

2. 单位信息

企业名称为"兴达股份有限公司"，从 2016 年 1 月起使用畅捷通 T3 财务管理软件处理会计业务，同时启用"总账""核算"和"购销存"系统。企业规模较小，执行"小企业会计制度"，不需要对存货、客户及供应商进行分类。企业的开户银行为"光大银行北京分行学院路分理处"(银行账号为 96421865)。

3. 职员档案(见表9-2)

表9-2 职员档案

职 员 名 称	所 属 部 门
赵晓春	行政部
周贤	行政部
许晨	财务部
李浩	财务部
宋旭	财务部
章诚	业务部
马戈	业务部

4. 客户档案(见表9-3)

表9-3 客户档案

客 户 名 称	税 号
友丽股份有限公司	58920585
利通有限责任公司	28608275
艺华股份有限公司	92508672
崇辉有限责任公司	74658573

5. 供应商档案(见表9-4)

表9-4 供应商档案

供应商名称	供应商简称
泰唐有限公司	泰唐公司
东贝股份有限责任公司	东贝公司
洋仓有限公司	洋仓公司
新乡股份有限责任公司	新乡公司

6. 结算方式(见表9-5)

表9-5 结算方式

结算方式编码	结算方式名称
1	现金结算
2	转账支票
3	银行汇票

7. 总账系统期初余额(见表 9-6)

表 9-6 总账系统期初余额

科 目 名 称	方　　向	期 初 余 额
现金(1001)	借	19 200
银行存款(1002)	借	120 000
应收账款(1131)	借	26 325
材料(1211)	借	150 000
库存商品(1243)	借	97 650
固定资产(1501)	借	680 000
累计折旧(1502)	贷	45 625
短期借款(2101)	贷	250 000
应付账款(2121)	贷	17 550
实收资本或股本(3101)	贷	780 000

其中应收账款为 2015 年 11 月 13 日销售给友丽公司 XI 产品 15 件,每件售价 1 500 元(增值税税率为 17%,发票号为 46643)的货税款 26 325 元;应付账款为 2015 年 10 月 26 日向泰唐公司购买 A 材料 15 千克,单价 1 000 元(增值税税率为 17%,发票号为 85321)的货税款 17 550 元。

其中存货的期初余额如表 9-7 所示。

表 9-7 存货期初余额

存货名称	计量单位	数　　量	单　　价	金　　额	合　　计	仓　　库
A 材料	千克	90	1 000	90 000	150 000	原料库
B 材料	千克	150	400	60 000		
XI 产品	件	30	1 755	52 650	97 650	成品库
CA 产品	件	50	900	45 000		

8. 存货档案(见表 9-8)

表 9-8 存货档案

存货名称	计量单位	存货属性
A 材料	千克	外购、生产耗用
B 材料	千克	外购、生产耗用
XI 产品	件	销售、自制
CA 产品	件	销售、自制
运费	次	劳务费用

9. 仓库档案(见表 9-9)

表 9-9 仓库档案

仓库名称	所属部门	计价方式
原料库	行政部	先进先出法
成品库	行政部	全月平均法

二、2016 年 1 月发生的经济业务

(1) 2016 年 1 月 6 日，企业与友丽公司分别达成如表 9-10 所示的销售协议。

表 9-10 销售订单

购货单位	存货	数量	报价	预发货日期
友丽公司	XI 产品	4	2 000	1 月 15 日
	CA 产品	5	1 200	1 月 15 日

(2) 2016 年 1 月 6 日，以现金支付办公用品费 300 元。

(3) 2016 年 1 月 6 日，企业向泰唐公司订购材料一批，税率均为 17%。订单如表 9-11 所示。

表 9-11 采购订单

供货单位	存货	数量	单价	计划到货日期
泰唐公司	A 材料	10	900	1 月 22 日
	B 材料	10	500	1 月 22 日

(4) 2016 年 1 月 15 日，以转账支票支付财务部的设备修理费 9 000 元。

(5) 2016 年 1 月 15 日，将友丽公司订购的 XI 产品和 CA 产品按订单从"成品库"发货并开具发票。

(6) 2016 年 1 月 15 日，收到友丽公司购买 XI 产品和 CA 产品的全部货税款(转账支票 No.5379)。

(7) 2016 年 1 月 22 日，收到 2016 年 1 月 9 日向泰唐公司订购的 A 材料和 B 材料，验收后入"原料库"，检验发票(No.643890)后当即以转账支票(No.9525)支付全部的货税款。

(8) 本期的产品入库情况如下。

2016 年 1 月 15 日，产品库完工入库 XI 产品 15 件。

2016 年 1 月 22 日，产品库完工入库 CA 产品 20 件。

(9) 经计算，本月完工产品成本分别为：XI 产品总成本为 19 500 元、CA 产品总成本为 17 000 元。

【具体任务】

(1) 设置操作员、建立账套并设置操作员的权限。

(2) 进行基础设置。

(3) 录入总账系统的期初余额。

(4) 分别进行采购管理、销售管理、库存管理和存货核算系统的初始化。

(5) 分别录入采购管理、销售管理和库存核算系统的期初余额,录入余额后与总账系统进行对账。

(6) 分别进行采购管理系统和库存核算系统的期初记账。

(7) 分别完成总账、采购、销售、库存和核算系统的日常业务处理的操作。

(8) 分别完成总账管理、采购管理、销售管理、库存管理和存货核算系统的期末业务处理。

(9) 编制资产负债表和利润表。

参 考 文 献

[1] 王新玲. 会计信息化实验教程(畅捷通 T3版)[M]. 北京：清华大学出版社，2015.
[2] 汪刚. 会计信息化使用教程(T3-用友通标准版10.8)[M]. 北京：清华大学出版社，2014.